本书的撰写和出版得到了安徽省高校人文社会
安徽财经大学著作出版基金和安徽财经大学“
学科特区的资助。特此感谢！



PPP

杨 彤◎著

# 充电基础设施PPP模式的影响因素及其博弈研究

中国财经出版传媒集团
经济科学出版社
Economic Science Press

**图书在版编目（CIP）数据**

充电基础设施 PPP 模式的影响因素及其博弈研究/杨彤著.—北京：经济科学出版社，2019.9

ISBN 978-7-5218-0947-3

Ⅰ.①充…　Ⅱ.①杨…　Ⅲ.①政府投资-合作-社会资本-应用-电动汽车-充电-基础设施建设-中国　Ⅳ.①F832.48②F124.7③U469.72

中国版本图书馆 CIP 数据核字（2019）第 207422 号

责任编辑：顾瑞兰
责任校对：王苗苗
责任印制：邱　天

**充电基础设施 PPP 模式的影响因素及其博弈研究**

杨　彤　著

经济科学出版社出版、发行　新华书店经销
社址：北京市海淀区阜成路甲 28 号　邮编：100142
总编部电话：010-88191217　发行部电话：010-88191522
网址：www.esp.com.cn
电子邮件：esp@esp.com.cn
天猫网店：经济科学出版社旗舰店
网址：http://jjkxcbs.tmall.com
固安华明印业有限公司印装
880×1230　32 开　7 印张　200000 字
2019 年 10 月第 1 版　2019 年 10 月第 1 次印刷
ISBN 978-7-5218-0947-3　定价：49.00 元

# 前　言

充电基础设施的有效供给是加快新能源汽车推广应用、促进汽车产业转型升级、缓解传统能源压力、提升城市环境质量的重要举措。由于经济社会发达程度、开放程度、政策支持程度以及电动汽车制造企业分布等因素的差异，我国充电基础设施的供给滞后，再加上产权关系混乱、经济效益小、缺乏资金等原因，建设运营的进展缓慢。党的十八届三中全会以来，在夯实财政是国家治理基础的同时，突出建立吸引社会资本投入的市场化机制并推行第三方治理，特别是政府和社会资本合作（PPP）在充电基础设施领域已经展开，但大多仍处在项目识别和准备阶段，落地趋势虽明显，但囿于政府和社会资本合作及稳定运行的影响因素较为复杂。因此，有必要探讨分析影响充电基础设施政府和社会资本合作的重要因素，梳理在此因素作用下参与主体间的博弈关系，分析博弈均衡下各参与主体的策略，并最终从政府、社会资本方、中介机构等层面提出引导我国充电基础设施 PPP 模式规范运行的政策建议，为充电基础设施 PPP 模式的推广提供参考。

本书遵循"理论分析—现状调查—质化研究—博弈分析—政策建议"的技术路线。首先在文献梳理的基础上，针对充电基础设施政府和社会资本合作供给的参与主体，基于试点示范项目的运行实践，搭建目前具有普适性的充电基础设施 PPP 模式框架。其次通过深入访谈和扎根理论方法找出影响政府和社会资本合作供给的重要因素，并构建充电基础设施政府和社会资本合作影响因素的研究模型。在此基础上，开发充电基础设施政府和社会资本合作供给影响因素的调查问卷，并依据充电基础设施 PPP 项目各参与方的大样本调查数据，统计分析出各影响因素的重要性指标以及不同参与组群的重要影响因素排序。依据关键影响因素对政府和社会资本合作的演化博弈模型进行深入研究，对其均衡点及其稳定性进行分析，分主体提出应对策略。最后结合质化、量化以及博弈分析的结果，探讨引导我国充电基础设施 PPP 模式规范发展的政策建议。本书主要研究内容包括以下方面。

（1）PPP 和充电基础设施的概念界定。在文献研究的基础上拓展了 PPP 概念的新内涵，将其界定为通过政府公共部门与市场社会团体的合作，达成契约、提供公共品、分担风险、分享利润，使得各种社会资本积极参与公共产品和服务的提供，实现共赢；它的核心是将市场机制引入公共服务领域，它不仅是产品供给模式和融资模式，更是创新管理模式和社会治理模式，在经济新常态下将引领观念、技术和制度的创新。本书对充电基础设施的概念和分类进行了阐释，认为充电基础设施是电动汽车发展的基础产业性部门，是为电动汽车运行提供能量补给的重要设施，仅包括集中在城市公共区域、高速公路、办公区域、商场超市等的社会公共充电站（桩）以及集中在公交、环卫、出租、工程、物流、产业园区等领域的公共专用充电站（桩），不包括私人自用充电桩。

（2）从识别我国充电基础设施政府和社会资本合作供给参与主体出发，结合 PPP 模式在充电基础设施供给试点的现状，发现目前跨区统筹项目较少，项目多采用传统的建设—运营—

移交（BOT）方式运作，均尚处在识别和准备的前期阶段，且大量示范项目主要分布在我国中西部地区，东部地区的现行项目相对较少。本书认为目前 PPP 模式在充电基础设施领域的推广应用，要结合具体区域的发展状况，脱离过往实践和经验的充电基础设施 PPP 模式在落地过程中可能冲撞市场秩序。随后，通过引入安庆市充电基础设施 PPP 示范项目进行典型案例分析，从合作环境的构建到政府政策的支持引导，以及社会资本的规范参与等方面，对影响该项目政府和社会资本合作运行的重要因素进行了理论分析，为后续展开影响因素的深入探讨提供现实基础，同时还结合试点、示范 PPP 项目的实践，构建了 PPP 模式在充电基础设施领域的参与主体静态框架以及全生命周期的动态运行框架。

（3）充电基础设施政府和社会资本合作供给影响因素的质性研究。本书采用扎根分析这一质性研究方法对充电基础设施政府和社会资本合作供给的影响因素进行了质性分析。首先介绍原始资料的收集过程和方法；其次基于扎根理论通过开放式编码、主轴编码以及选择性编码的流程对访谈资料进行深入具体的分析，提炼出其中的核心范畴；最后构建了充电基础设施 PPP 模式供给的影响因素模型，提出经济影响因素是根本，政府治理因素是基础，产品服务内部因素为合作条件，社会文化环境因素是保障。

（4）充电基础设施政府和社会资本合作供给重要影响因素的量化检验。综合运用影响因素的重要性指标以及排序吻合因子等量化工具，提出了新的方法思路和研究视角。在借鉴国内外文献中已有相关成熟量表以及专家咨询访谈数据的基础上，结合影响因素理论模型，完成了初始调查量表的开发设计，并在小范围内实施了预调研。根据预调研得到的数据，分别对初始量表的信效度进行检验，并修正初始题项，形成正式量表。通过重要性指数指标，根据问卷数据统计结果得出全部受访者对充电基础设施 PPP 模式供给影响因素的重要性指数并排序，结果显示，现阶段经济因素对充电基础设施领域政府和社会资本合作的影响最大，也是完善该模式的主要突破口和首要因素。此外，利用排序吻合因子进一步验证分析了不同参与主体对各个影响因素重要性的判断，结果显示，两组数据确实存在差异，但无论是政府部门受访者还是社会资本方受访者都充分肯定了现阶段财政补贴、税收优惠等经济激励政策对充电基础设施政府和社会资本合作的不可替代的影响，是典型的重要影响因素。

（5）构建基于重要影响因素作用下的充电基础设施 PPP 模式参与主体间的演化博弈关系模型，将政府部门的行为分为提供激励措施和不提供激励措施，社会资本方分为采取积极合作行为和采用投机行为，研究合作中政府与社会资本参与方的均衡点及其稳定性，发现合作共赢是 PPP 模式构建的最终目标，并基于此构建了“激励—合作”演化博弈模型，进一步拓展了相关研究的范畴。为使该演化博弈向演化稳定策略发展，就政府部门而言，一方面，应该建立全生命周期财政激励机制，引导社会资本积极合作，在项目初期加强补贴的引导、在项目运营过程中使用税收减免等经济激励手段，增加社会资本参与项目的积极性和盈利空间；另一方面，应该增加对社会资本违规的处罚力度，促进政府和社会资本合作在我国充电基础设施领域的良性发展。就社会资本而言，一方面，要提高企业自身的管理水平和建设效率，引进先进的技术和人才，为双方合作共赢提供保障；另一方面，应该按照 PPP 项目相关的章程和规定，实施精细化管理，在整个项目进行过程中严格约束自己的行为，保证项目的顺利完成。

（6）促进充电基础设施 PPP 模式规范运行的政策研究。结合实证分析和博弈分析的结果，基于充电基础设施 PPP 模式运行现存的问题，从政府、社会资本方、中介机构等层面提出引导我国充电基础设施 PPP 模式规范运行的政策建议，研究结论对充电基础设施领域 PPP 模式的应用有重要启示，对提升政府和社会资本在充电基础设施领域合作的稳定性和持续性有指导价值。

杨彤

**2019 年 8 月**

# 目　　录

# 第1章　绪　　论

## 1.1　研究背景

充电基础设施的有效供给是加快电动汽车推广应用、促进汽车产业转型升级、缓解传统能源压力、改善城市环境状况的重要举措。由于经济社会发达程度、开放程度、政策支持程度以及电动汽车制造企业分布不均等因素的差异，我国充电基础设施的发展速度不尽相同，再加之产权关系混乱、经济效益不显著、资金短缺等原因，建设运营的进展较为缓慢，远未达到预期，与电动汽车产业发展不相协调，亟须加快统一规划和统筹布局。与此同时，在经济下行压力增大、财政负担加重的宏观背景下，政府和社会资本合作模式的应用正在基础设施建设领域有序展开。在充电基础设施领域，虽然社会资本多数仍处在布局观望阶段，但政府和电动汽车生产商以及用户之间的合作理念正逐步形成。依据不同场所、不同类型的充电需求，因地制宜地吸引不同的社会主体参与充电基础设施的建设运营正逐步展开，而影响该模式运转的重要因素尚未明确、其间深层次的博弈关系亟须理顺、设施供给有待完善。

### 1.1.1　政府和社会资本合作（PPP）应用全面规范

政府和社会资本合作模式在我国经历了探索阶段（1984～1992年）、试点阶段（1993～2002年）、推广阶段（2003～2007年）、调整反复阶段（2008～2013年）、全面展开阶段（2014～

2017)，从 2018 年开始步入全面规范阶段。党的十八届三中全会以来，在夯实财政是国家治理基础的同时，建立吸引社会资本投入的市场化机制并推行第三方治理，中国官方于 2014 年首次在财政部的《关于 2014 年中央和地方预算草案的报告》中使用了政府和社会资本合作模式（public - private partnership，PPP）的表述，PPP 模式随即在公共品供给领域展开，政府从政策层面和实际操作上均对其运作予以宏观指导，标志着 PPP 走上了有章可循之路，该年也被认定为我国 PPP 的探路之年。随着我国城市化水平的加速推进，到“十三五”末，将实现 60% 的常住人口城镇化率，城镇化进程中的投资需求特别是城镇基础设施和公共服务需求巨大，资金的筹集是首要问题。在地方政府背负巨额债务的背景下，仅依靠政府公共财政的支持远远不能满足需要，社会资本的注入势在必行。地方政府的融资需求推动着 PPP 在中国的快速发展。经过 40 年的改革开放，我国社会资本积累充裕、金融机构存款总额渐增，如图 1 -1 所示，体量巨大的社会资本为进一步实现保值增值，正努力寻求更有利的投资方向。

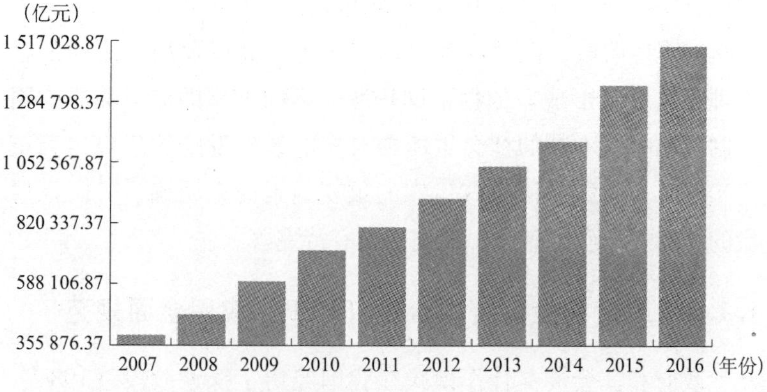


**图 1 -1　2007 ~ 2016 年金融机构资金来源各项存款**

资料来源：《中国统计年鉴》。

随着我国经济步入新常态，为调节经济增速、转变经济增长方式以及消化前期刺激政策的不良影响，政府和市场社会主体的合作逐步深入，PPP模式的应用受到政府各部门的高度关注，政策支持密度加大，相关的主要政策如表1－1所示。

**表1－1　近年来政府和社会资本合作模式发展的相关政策支持**

| 年份 | 文件名称 | 发文单位 |
| --- | --- | --- |
| 2010 | 《关于鼓励和引导民间投资健康发展的若干意见》 | 国务院 |
| 2014 | 《关于加强地方政府性债务管理的意见》 | 国务院 |
| 2014 | 《政府和社会资本合作模式操作指南（试行）》 | 财政部 |
| 2014 | 《关于开展政府和社会资本合作的指导意见》 | 国家发展改革委员会 |
| 2015 | 《中华人民共和国政府采购法实施条例》 | 国务院 |
| 2015 | 《政府和社会资本合作项目财政承受能力论证指引》 | 财政部 |
| 2015 | 《PPP物有所值评价指引（试行）》 | 财政部 |
| 2015 | 《关于推进开发性金融支持政府和社会资本合作有关工作的通知》 | 国家发展和改革委员会；国家开发银行 |
| 2015 | 《关于在公共服务领域推广政府和社会资本合作模式指导意见的通知》 | 国务院办公厅 |
| 2015 | 《基础设施和公用事业特许经营管理办法》 | 国家发展和改革委员会；财政部；住房和城乡建设部；交通运输部；水利部；中国人民银行 |
| 2016 | 《关于在能源领域积极推广政府和社会资本合作模式的通知》 | 国家能源局 |
| 2016 | 《关于在公共服务领域深入推进政府和社会资本合作工作的通知》 | 财政部 |
| 2017 | 《关于规范政府和社会资本合作（PPP）综合信息平台项目库管理的通知》 | 财政部 |
| 2017 | 《关于进一步激发民间有效投资活力促进经济持续健康发展的指导意见》 | 国务院办公厅 |

PPP模式虽然在我国的运行时间不长，但实践应用已经领先于理论的发展，示范项目多、引导政策多、落地率逐步提升，

且被多个层面寄予厚望。党的十八届五中全会后，随着混合所有制的推进、供给侧改革的持续发力、政府职能的转变、社会资本投入生态环境保护市场化机制的建立以及在国家发展改革委员会和财政部等机构 PPP 项目管理平台和项目库的相继运作，PPP 在各领域的应用持续升温，无论是项目数量还是项目价值量，都呈现快速增长态势。从 PPP 模式应用的项目数看，我国居世界首位。截至 2017 年底，共有 11 576 个 PPP 项目纳入信息平台项目库，涉及金额高达 137 718. 26 亿元，示范项目多，涉及能源、交通运输、水利建设、生态建设和环境保护、市政工程、片区开发等 19 个行业，如图 1 - 2 所示。

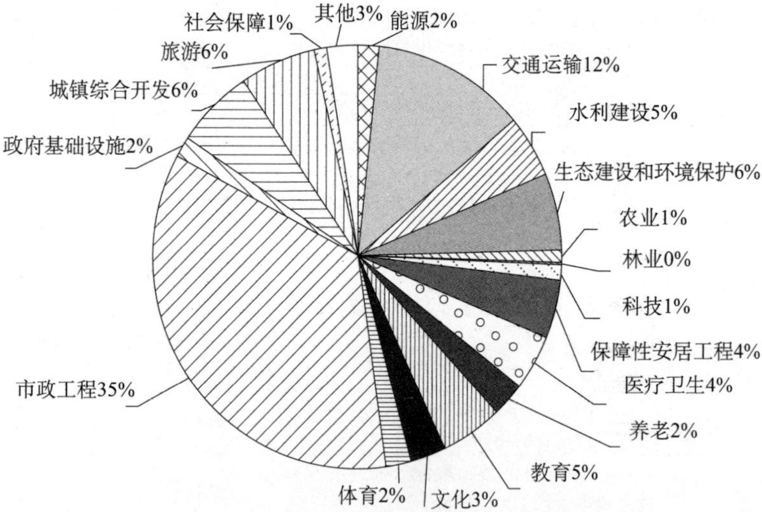


**图 1 - 2　2017 年全国 PPP 项目分布行业比重**

资料来源：财政部政府和社会资本合作中心。

虽然我国 PPP 发展的制度环境日趋成熟，但随着近两年 PPP 项目的大量落地，大干快上中各类问题也逐步显现，特别是 2017 年以来，PPP 模式体现出高度专业化和细分化，不同领域的应用各具特色，亟须根据不同行业类型展开深入的、有针对性的研究。作为一个重要的合作发展模式，需要关注合作过程中的影响因素，并对其进行识别、分类以及深入分析重要影响因素的作用机制，以此引领该领域中政府和社会资本方的合作。

### 1.1.2　充电基础设施需求体量大

随着我国社会经济的稳步发展、城镇化的加速推进以及人们生活质量的逐步改善，今后较长一段时间，汽车的保有量仍将保持增长的势头，国家统计局数据显示，截至2016年底，全国民用汽车保有量达到19 440万辆，比2015年末增长12.8%，是2000年的12.08倍，如图1－3所示。然而，燃油汽车运行带来的污染控制是国内外城市共同面临的环境难题。环保能力占据未来汽车工业的制高点，化解传统汽车带来的燃油供求矛盾的能源问题、油料大量挥发以及尾气排放的环境污染问题将愈发重要。

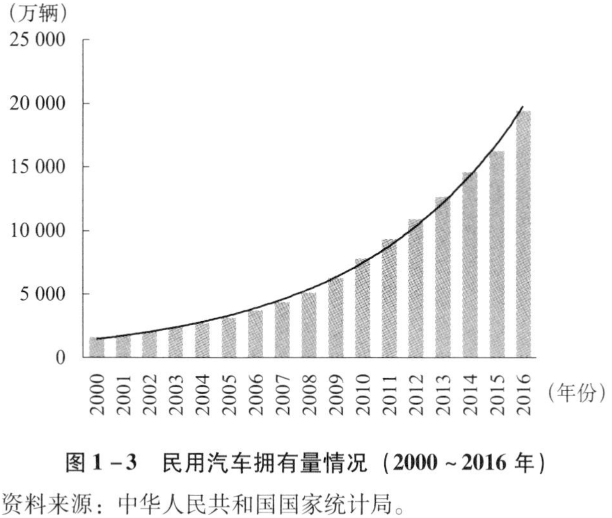


**图1－3　民用汽车拥有量情况（2000～2016年）**

资料来源：中华人民共和国国家统计局。

为实现《巴黎协定》的目标，一些汽车工业强国和发达国家都相继提出了禁止燃油车销售的提案，其中荷兰和挪威拟于2025年停止销售燃油车，印度、德国拟于2030年停止销售燃油车，法国和英国拟在2040年开始全面禁售燃油车。与此同时，迫于资源能源环境的压力，我国工信部也已启动燃油车退出时间表的研究。在燃油车退出之前，各种类型鼓励新能源电动汽车推广的政策将陆续增加，如2018年4月1日正式实施的新能源汽车“双积分”政策等。

电动汽车具有高效、节能、低噪声、零排放等特点，它的推广应用将缓解能源和环境的双重压力，推动我国汽车产业绿色可持续发展及转型升级。目前，我国在电动汽车整车动力系统匹配与集成设计、整车控制方面已掌握核心技术，是汽车产业可持续发展的支撑，有利于培育新的经济增长点及国际竞争优势。为了鼓励电动汽车产业的发展，我国于2009年启动了电动车发展的“十城千辆”工程，在产业发展初期，政府积极发挥引导和政策激励作用，如电动汽车上牌优先、不受机动车尾号限行政策的限制、减免停车和过路过桥费用、年检时享受绿色通道及年检费用减免等，国家还根据电池容量、续航里程、车型不同进行不同额度的财政补贴。虽然补贴额度逐年下滑且下降速度逐渐加快、骗补现象偶有发生，但是，在各类引导政策的刺激下，电动汽车的销售从2015年实现井喷，如图1－4所示。尤其是近年来，雾霾等污染问题日益引起人们对环境的高度重视，电动汽车可减少有害物质排放，用户认可度逐渐提升，目前，我国以51.49%的市场份额跃居全球电动汽车销量首位，应用推广取得了初步成效。

充电基础设施作为电动汽车的互补产品，可利用太阳能、水力、风能、电动汽车移动储能和高电压固体电蓄热打造多能

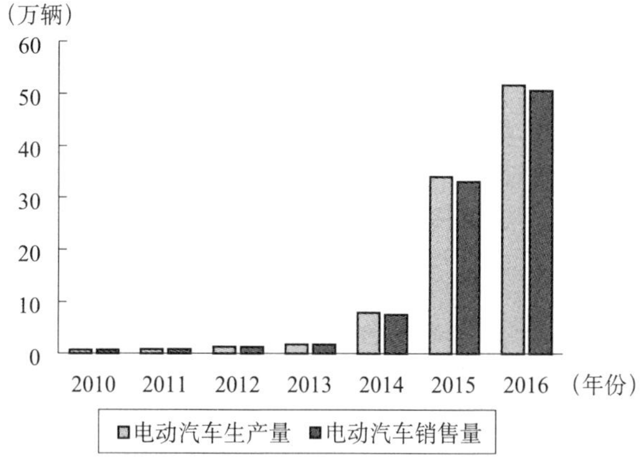


**图 1－4　我国电动汽车（纯电动和插电式混合动力汽车）产销量统计图**

资料来源：中国产业信息网。

清洁生态能源网，积极响应行业需求。从行业发展的逻辑顺序看，充电基础设施的数量、规划布局和运营将是满足电动汽车用户充电需求的根本推动力。目前，我国境内除特斯拉在布局自己的免费充电专用网点外，大部分电动汽车的补给仍依托于充电基础设施的完善和发展。为了更有效地发展绿色交通，推动自主电动汽车产业发展，在市场驱动的背景下，为电动汽车提供补给的充电基础设施势必会有一个爆炸式的发展，投资需求窗口即将开启。

### 1.1.3　充电基础设施供给滞后

《电动汽车充电基础设施发展指南（2015—2020 年）》中明确提出，伴随着电动汽车的推广规划目标，到 2020 年要完成为 500 万辆电动汽车配套建设相应规模的充电基础设施，因此，电动汽车充电基础设施的数量有着巨大的提升空间，加大供给的必要性和紧迫性与日俱增。然而，首先，由于充电基础设施投资规模大、出资者不明确、技术不成熟、盈利难、利用率低，再加之充电基础设施的建设不易，涉及布局规划、建设用地、电力配送等多个主管部门和相关企业及消费者等众多分散的利益，协调难度大；其次，充电基础设施标准规范体系尚不完善，兼容性有待提高，各地积极圈地，在充电支付、信息等方面各自为政，互联互通性较差，不仅导致资源浪费甚至可能使中国在国际电动车产业的竞争中丧失先机；最后，已经运营的充电基础设施提供的充电服务还未形成成熟的商业模式，重建设、轻运营、故障类型多、难维护、盈利点难觅，行业发展存在安全隐患。

所以，尽管充电基础设施相关产业即将进入增速较快的时期，充电桩和充电站的累计保有数量有所增加，但增长趋势却与电动汽车蓬勃发展的趋势并不匹配，“车多桩少”“里程焦虑”的窘境有待破解。充电基础设施是处在“上游”的生产部门，其投资也是一种社会先行资本，感应度强，感应度系数较高。充电基础设施投资和电动汽车产业投资之间最好保持一定的配比关系，且按一定的比例递增。充电基础设施建设发展缓慢，掣肘电动汽车的发展，电动汽车发展的停滞也必将影响充电基础设施的建设，如此恶性循环，行业的不确定性将加大，绿色交通的发展目标恐难达成。

目前，我国充电基础设施主要分布在以广东、北京、江苏、上海、安徽等为代表的地区，如图 1-5 所示，这与当地经济发展水平、政府推广、财政支持力度、气候环境压力和新能源汽车整车厂推广力度息息相关。在部分电动汽车示范推广城市，如北京、深圳、合肥等地已经由当地政府通过政府采购等方式，由有实力的国企建成较大规模的城市充电服务网络。此外，在区域充电基础设施的布局上，苏、沪、杭地区已初步建成城际充电网络；京沪、京港澳、青银等高速公路沿线已经基本建成省际充电服务网络。然而，各地充电桩保有量较规划目标相差较大，特别是在我国的中西部地区，保护环境的呼声愈发高涨、对电动汽车的需求将进一步扩大，而与之配套的充电基础设施却得不到有效供给，亟须提前规划布局，如在我国新疆、西藏等，地政府对发展使用电动汽车较为青睐，而充电基础设施建设远低于预期，可以预见，未来的5～10年各省市充电桩建设将进入集中释放爆发阶段。

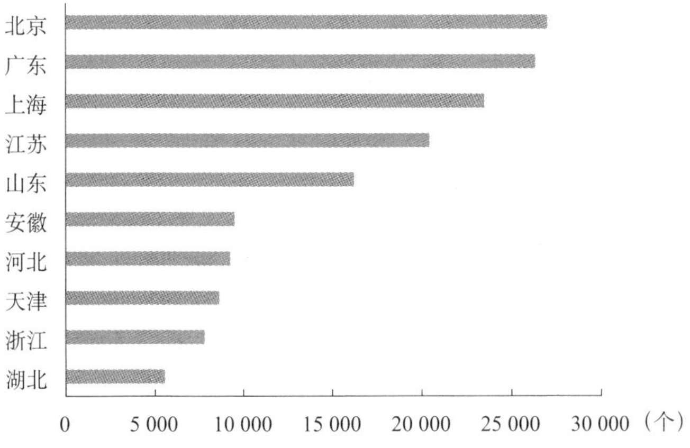


**图1－5　2017年9月各省市充电桩总量TOP10**

资料来源：前瞻产业研究院。

除了充电基础设施数量与该行业发展的不匹配外，供给结构矛盾也比较突出。充电基础设施地理位置分布不均衡、不匹配，还有不少城市的充电停车位被占，有桩没电、有电不通，或者充电桩闲置，甚至出现“僵尸充电桩”。在“谁建谁用、谁用谁建”的充电基础设施发展初期，低水平的重复建设显现；在新旧充电标准交替时期，充电不兼容的现象普遍存在，充电基础设施"缺位"和"错位"现象并存，供需结构亟待优化。

### 1.1.4 充电基础设施供给政策驱动性高

中国在2015年巴黎气候变化大会上承诺降低二氧化碳排放比例，降低非化石能源在一次能源消费中的比重，电动汽车充电基础设施的建设运营将会促进该目标的实现。近年来，伴随节能与新能源建设及电动汽车产业上升为国家战略，支持电动汽车产业发展的政策密集出台，从财政补贴到税收优惠，从信贷优惠到上牌优先，各个环节都在刺激电动汽车的产销；随之而来，倒逼和激励政府意识到加快充电基础设施投资建设的必要性。2010年以来，我国充电基础设施建设受到政府各部门的高度关注，相关政策如表1-2所示，其中，财政补贴、扶持性电价以及充电服务费的确定将助力充电基础设施的全面建设。

表1-2　　近年来支持充电基础设施建设的相关政策

| 年份 | 文件名称 | 发文机关 |
|---|---|---|
| 2012 | 《关于印发节能与新能源汽车产业发展规划（2012—2020年）的通知》 | 国务院 |
| 2014 | 《国务院办公厅关于加快新能源汽车推广应用的指导意见》 | 国务院办公厅 |
| 2014 | 《关于新能源汽车充电设施建设奖励的通知》 | 财政部；科技部；工业和信息化部；发展改革委 |
| 2015 | 《国务院办公厅关于加快电动汽车充电基础设施建设的指导意见》 | 国务院办公厅 |
| 2015 | 《电动汽车充电基础设施发展指南（2015—2020年）》 | 国家发展改革委；国家能源局；工业和信息化部；住房城乡建设部 |
| 2015 | 《关于加快推进新能源汽车在交通运输行业推广应用的实施意见》 | 交通运输部 |
| 2015 | 《汽车动力蓄电池行业规范条件》 | 工业和信息化部 |
| 2015 | 《关于2016—2020年新能源汽车推广应用财政支持政策的通知》 | 财政部；科技部；工业和信息化部；发展改革委 |

续表

| 年份 | 文件名称 | 发文机关 |
|---|---|---|
| 2015 | 《关于节约能源使用新能源车船车船税优惠政策的通知》 | 财政部；国家税务总局；工业和信息化部 |
| 2015 | 《中国制造 2025》 | 国务院 |
| 2015 | 《关于完善城市公交车成品油价格补助政策，加快新能源汽车推广应用的通知》 | 财政部；工业和信息化部；交通运输部 |
| 2015 | 《关于加强城市电动汽车充电设施规划建设工作的通知》 | 住房和城乡建设部 |
| 2016 | 《关于“十三五”新能源汽车充电基础设施奖励政策及加强新能源汽车推广应用的通知》 | 财政部；科技部；工业和信息化部；发展改革委；国家能源局 |
| 2016 | 《关于加快居民区电动汽车充电基础设施建设的通知》 | 国家发展改革委；国家能源局；工业和信息化部；住房城乡建设部 |
| 2016 | 《电动汽车充电基础设施接口新国标的实施方案》 | 发改委、能源局、工信部 |
| 2018 | 《关于调整完善新能源汽车推广应用财政补贴政策的通知》 | 财政部、工业和信息化部、科技部、发展改革委 |

目前，我国充电基础设施市场是政策驱动型市场，政府关注度高。国家采取充电基础设施适度先行的建设战略，并按照充电基础设施建设的规模和速度，将我国划分为充电基础设施积极促进地区、示范推广地区、加快发展地区，其中，已有绝大部分省市相继颁布了加快充电基础设施建设的规划指导意见，最终目的是推动电动汽车充电基础设施建设，促进电动汽车发展瓶颈问题的解决。地方政府对充电基础设施的重视程度各有不同，相关政策亟待进一步明确和细化，特别是在用地支持、城市规划、物业协调等方面的政策还较为欠缺，政策的针对性、落地性有待提升。

## 1.2 相关概念界定

### 1.2.1 政府和社会资本合作的概念界定

“政府和社会资本合作”是由 public - private partnership（PPP）直译过来的，有时它又被译为“公私伙伴关系”，是一个非常宽泛的概念，联合国发展计划署、国际货币基金组织、美国 PPP 国家委员会、欧盟委员会、加拿大 PPP 国家委员会等机构（见表 1 - 3）以及学者们从多个视角对 PPP 的概念进行了探索和补充，使得 PPP 的内涵和外延得以极大地丰富和扩展。国外学者针对 PPP 的概念虽也有不同的界定，但主要描述内容基本一致，认为 PPP 是公共和私营部门共同生产提供物品和服务的任何安排，在此过程中双方权利共享、信息共享、共同经营维护，达成一种合作伙伴关系。

**表 1 - 3　　相关机构对 PPP 的定义**

| 机构 | PPP 定义 |
|---|---|
| 联合国发展计划署 | 指政府、营利性企业和非营利性组织基于某个项目而形成的相互合作关系的形式。通过这种合作形式，合作各方可以达到比预期单独行动更有利的结果。合作各方参与某个项目时，政府并不是把项目的责任全部转移给私营部门，而是由参与合作的各方共同承担责任和风险 |
| 联合国培训研究院 | PPP 涵盖了不同社会系统倡导者之间的所有制度化合作方式，目的是解决当地或区域内的某些复杂问题。PPP 包含两层含义：其一是为满足公共产品需要而建立的公共和私人倡导者之间的各种合作关系；其二是为满足公共产品需要，公共部门和私人部门建立伙伴关系进行的大型公共项目的实施 |
| 欧盟委员会 | 公共部门和私人部门之间的一种合作关系，其目的是为了提供传统上由公共部门提供的公共项目或服务 |
| 美国 PPP 国家委员会 | 介于外包和私有化之间并结合了两者特点的一种公共产品提供方式，它充分利用私人资源进行设计、建设、投资、经营和维护公共基础设施，并提供相关服务以满足公共需求 |

续表

| 机构 | PPP 定义 |
| --- | --- |
| 英国财政部 | PPP 是以公共部门和私人部门共同协作为特征的一种安排。从广义上来讲，PPP 可以包含公共部门和私人部门在制定政策、提供服务以及基础设施方面的所有合作 |
| 加拿大 PPP 国家委员会 | 公共部门和私人部门之间的一种合作经营关系，它建立在双方各自经验的基础上，通过适当的资源分配、风险分担和利益共享机制，最好地满足事先清晰界定的公共需求 |
| 中国国务院办公厅 | 政府采取竞争性方式择优选择具有投资、运营管理能力的社会资本，双方按照平等协商原则订立合同，明确责权利关系，由社会资本提供公共服务，政府依据公共服务绩效评价结果向社会资本支付相应对价，保证社会资本获得合理收益 |

国内学者对 PPP 概念的界定是不断发展的，研究视角和内容各有侧重，大部分学者对它的认识仍然停留在是一种政府采购方式的阶段，更多的学者则把它认为是一种新型的融资方式，以合作为基础，目的在于提供可靠的项目资金来源，如李秀辉、张世英（2002）认为，PPP 代表的就是一个完整的项目融资的概念。还有一些学者认为，政府和社会资本合作的核心是合同关系的确立。随着研究借鉴的逐步深入，开始有学者注意到 PPP 不仅是一种融资方式，更是公共品的提供方式，如赖丹馨（2010）认为，PPP 是一种有别于传统公共服务供给机制的新方式，它的概念要根据具体案例的不同情况来确定。贾康、苏京春（2015）认为，PPP 的实质是准公共品的优化供给制度，在该制度下，全社会的公共部门、企业组织、专业组织以及公众等互联互通，共同提供相应的准公共产品。李开孟（2016）认为，PPP 不仅是政府采购，还是撬动经济发展的重要工具，同时也是实现以人为本及可持续发展目标的工具。在我国 PPP 的实践过程中，存在概念泛化和内涵的扩大与融合的问题，其中，第三方治理就是典型的泛化案例。

由于不同机构和研究人员在引入 PPP 概念时参考了不同国

家的具体操作经验和案例，因而目前相关概念尚未达成一致。如在对社会资本的界定上，有的学者认为，社会资本包括营利企业和非营利企业；有的学者从所有制的角度认为只有民营企业属于社会资本，国有企业不包含在内；还有的学者将社会资本方定义为非政府的主体，包括企业和专业化机构等。我国现有的 PPP 项目合同标准文本中认为，政府主体所在的本级政府所控制的国有企业不得作为社会资本参与到该 PPP 项目中，而英国等部分国家已经对该限制条件做出了一定程度的放松，即本级政府控制的企业可以成为项目公司的股东。本书所指的社会资本是借鉴贾康对其范围的界定，即社会资本为非政府主体的参与方。

通过梳理国内外相关机构和众多学者对政府和社会资本合作的概念界定，虽未有统一结论，但此概念的内涵在不断完善，其中，“合作”“提供公共品”“分担风险”“分享利润”是这些概念的关键词，结合这些共性，本书拓展了 PPP 概念的新内涵，界定 PPP 是通过政府公共部门与市场社会团体的合作，达成契约、提供公共品、分担风险、分享利润，使得各种社会资本积极参与公共产品和服务的提供中，实现共赢；它的核心是将市场机制引入公共服务领域，它不仅是产品供给模式和融资模式，更是创新管理模式和社会治理方式的手段，在经济新常态下将引领观念、技术和制度的创新。

### 1.2.2 充电基础设施的概念

充电基础设施是电动汽车发展的基础产业性部门，是为电动汽车运行提供能量补给的重要设施。充电基础设施供给的多寡、质量的高低、分布的合理性以及服务水平的高低等都向前直接影响着电动汽车产业的发展效率，充电基础设施自身的发展也将向后延伸产业链的搭建。充电基础设施主要包括集中式充换电站和分散式充电桩；按照使用场景分类，充电基础设施包括集中在城市公共区域、高速公路、办公区域、商场超市等的社会公共充电桩，集中在公交、环卫、出租、工程、物流、产业园区等领域的公共专用充电站，不包括私人自用充电桩；按照安装方式分类，有挂壁式、落地式充电桩；按充电接口分类，有一桩一充和一桩多充式充电桩；按充电方式分类，主要有交流充电桩、直流充电桩以及交直流一体充电桩等有线充电方式和无线充电方式。此外，依照充电需求的不同，充电基础设施包括常规充电站、快速充电站以及电池更换站等硬件设施配置，还涉及充电端口、充电标准等参数的统一规范，如图 1－6 所示。

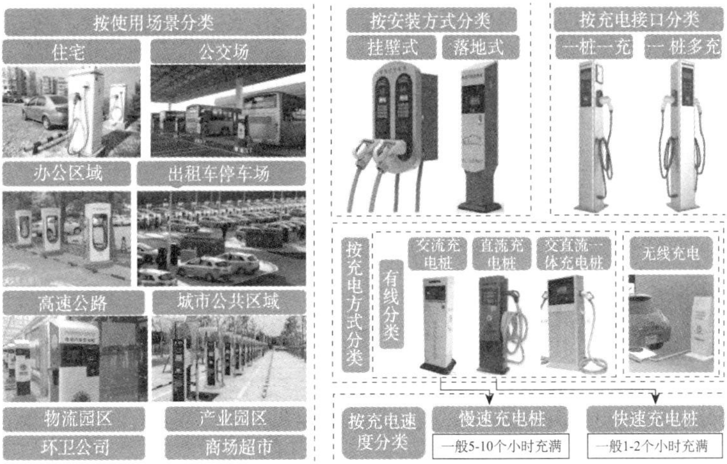


**图 1－6　充电基础设施分类**

充电基础设施具有以下特点：第一，充电基础设施具有较难移动的时空性特点，是新型的城市基础设施，对它的投资大多是和特定区域相联系，将纳入该地区未来的整体发展规划，各级政府特别是当地政府在提供充电基础设施的过程中兼具投资人和管理者的身份，社会效益和经济效益都需要考虑。第二，充电基础设施是处在“上游”的生产部门，其投资是一种社会先行资本，供给要适度超前，否则会挫伤消费者购买电动汽车的积极性。“兵马未动，粮草先行”，这关系到巩固和发展电动汽车的良好态势。第三，充电基础设施具有投资金额较大的特点，目前，普通充电桩建设成本为 1 万 ~3 万元，快速充电桩建设成本为 10 万 ~20 万元，而包含 10 台充电机的充电站基础设施，在不计算土地使用费的情况下，综合成本为 500 万元左右。第四，运营的不确定性和风险较大。作为承担特有经济功能和社会功能的充电基础设施，很难确保在其运营期间向消费者收取的充电费用和服务费用能完全抵消投资建设和经营成本，有学者认为，现阶段市场驱动的充电基础设施不太可能实现盈利。总之，充电基础设施具有整体系统性和协调性的特征，其目标是实现网络化布局，使各个地区间的充电网点合理衔接、标准配套，发挥其综合补给效益。

## 1.3 研究目标与意义

### 1.3.1 研究目标

本书将从政府和社会资本合作模式应用于充电基础设施领域的理论基础和宏观作用机理分析出发，梳理充电基础设施供给进程中新型模式的内生逻辑。通过对目前充电基础设施建设领域 PPP 项目的综合分析，采用质性分析方法识别出影响充电基础设施政府和社会资本合作供给的重要因素，在此基础上，构建博弈框架，并据此深入分析参与主体在重要影响因素作用下的博弈关系，得出博弈均衡下各参与主体的策略，并最终从政府、社会资本方、中介机构等层面提出引导我国充电基础设施 PPP 模式规范运行的政策建议，为充电基础设施 PPP 模式的推广提供参考。具体研究目标包括以下三个方面。

（1）理论体系方面：梳理政府和社会资本合作的相关研究进展与理论基础，探讨充电基础设施供给中涉及的基础性、前瞻性、创新性的科学问题；厘清目前影响充电基础设施政府和社会资本合作供给的重要因素，构建 PPP 模式供给影响因素的研究模型；通过分析 PPP 模式的宏观作用机理、充电基础设施的性质以及参与主体间的演化博弈关系，为 PPP 模式在充电基础设施中的应用提供理论支撑并丰富理论体系。

（2）实践应用目标：深入分析 PPP 模式在充电基础设施供给的现实基础，构建适用于我国充电基础设施 PPP 模式供给的静、动态应用框架。通过专家咨询、实地调研、发放问卷等方式，在识别分析充电基础设施供给中政府和社会资本合作重要影响因素的基础上，结合政府、社会资本等被影响主体间的博弈关系分析，基于合作共赢、相互制衡、柔性管理以及高效运行的目标，加入时间因素，探究其动态运行机制并为充电基础设施 PPP 模式供给提供可以借鉴的政策建议，以期达到充电基础设施的最佳供给路径。

（3）服务决策目标：通过探索 PPP 模式在充电基础设施领域应用的运行保障体系，为政府、企业和金融机构等部门提供决策参考，对充电基础设施 PPP 模式长期可持续框架建构、规则的制定、试点项目的推广提出科学政策建议，使 PPP 模式取得新进展，在充电基础设施领域形成良好的示范效应。

### 1.3.2 研究意义

（1）理论意义。本书研究有利于完善符合我国国情的 PPP 合作治理模式，提出进一步规范发展的着力点。政府和社会资本合作是当前国家治理的重要内容之一，现有的 PPP 理论内涵庞杂且具有多维度扩展的趋势，使学者们从不同的侧面对其有不同的理解，在理论内涵、运行模式选择、重要影响因素等问题上尚未有统一的观点。国内的 PPP 研究尚处于起步阶段，又受到西方各种学派和理论的影响，使我国目前的 PPP 的理论内涵模糊、理解各异，研究缺乏独创性，结合实践的理论研究较少。在此基础上，借鉴国外相关领域的相关理论与实践经验，研究构建我国充电基础设施政府和社会资本合作供给的理论体系及合作供给模式，而后识别影响我国充电基础设施供给中政府和社会资本合作的重要因素，并基于此展开博弈关系的梳理，提出规范运行的政策建议，推动政府和社会合作模式研究走向深入，丰富该领域的研究成果。

第一，本书可以为准公共品政府和社会资本合作提供模式的研究与应用提供借鉴，有利于丰富政府和社会资本合作模式的内涵。本书以充电基础设施这一典型的准公共品作为研究的切入点，研究建构适合中国国情的政府和社会资本合作的理论基础、设计充电基础设施供给的 PPP 模式，无疑将为其他准公共品的有效供给提供一个政府和社会资本合作的理论框架，具有一定的理论前瞻性。本书能够促进相关理论的升华，促进政府和社会资本合作理论内涵的不断丰富。此外，相关政策建议对于如何更好地发挥政策引导作用具有重要的理论指导意义。

第二，本书通过专家咨询、问卷调查等方法收集数据并进行实证分析，充分了解在充电基础设施领域影响政府和社会资本合作的影响因素，识别出有利于合作进行的核心因素及其相互关系。同时，将采用质性研究的方法，分析 PPP 下充电基础设施供给中重要因素影响下的各参与主体间的博弈关系及利益诉求；基于合作共赢、相互制衡、柔性管理以及高效运行的目标，明确主体的角色定位、治理行为及权责边界。构建充电基础设施供给的理论模型、探究其运行机制并为政策体系的保障研究提供铺垫，使经济学经典理论能够走出象牙塔，在市场经济与社会发展的实践中得到验证与发展。

第三，有利于推动多学科融合，促进形成新的交叉研究领域。通过对 PPP 在充电基础设施领域的应用研究，有助于公共部门经济学、制度经济学以及财政管理理论等多学科的交叉，是对充电基础设施供给相关领域研究视角上的重要拓展和丰富。

（2）实践意义。充电基础设施的建设布局对于提高居民生活质量、促进生态文明建设具有深远的现实意义，本书的实际应用价值体现在以下四个方面。

一是政府维度，促进政府和社会资本合作模式的创新变革，完善治理模式。伴随着混合所有制的推进、供给侧改革的持续发力以及在国家发展改革委员会和财政部等机构 PPP 项目管理平台的运作，PPP 在充电基础设施领域的推广应用，可使原本政府部门和私人部门承担的风险得到合理的分配，减少政府的财政负担和债务风险，推动基础设施领域政府职能转变。通过本书对政府层面的研究，提出有实践性的结论和政策建议，对政府制定和优化充电基础设施供给具有重要参考价值。

二是企业维度，电网公司、石油石化企业、电动汽车制造商、电池制造商、物业公司等相关企业在参与 PPP 项目上的布局已经“启航”，但存在各种问题亟待解决，本书将有效引导相关企业发挥先进技术管理经验，为充电基础设施建设提供广阔的智力支持和发展空间，提升供给水平和运营服务效率，并且为企业参与 PPP 模式提供制度保障。

三是公众维度，有效的充电基础设施供给方式将改善居民的出行方式、完善市政设施、提升绿色发展的城市形象、提高生活质量；对于电动汽车的潜在消费者，有效的充电基础设施供给还将坚定他们的购买信心。

四是生态环境维度，本书将有助于推动绿色出行，减少环境污染，进而促进我国经济、社会、环境全面协调可持续的发展。

总之，本书的研究结论、管理模式构建和规范运行机制保障建议将有较强的实践性，最终通过构建基于 PPP 模式的充电基础设施供给的理论框架为政府制定和优化政府和社会资本合作政策提供重要参考价值，也为充电基础设施的供给提供可行路径。

## 1.4 研究内容

本书以我国充电基础设施建设的现实需求为基础，通过文献梳理、整合质性研究和量化研究的分析范式，对政府和社会资本合作的相关研究进展与理论基础进行了回顾，而后从经济理论基础和宏观作用机理研究入手，探讨充电基础设施供给中涉及的基础性、前瞻性、创新性的科学问题，厘清目前政府和社会资本合作模式在充电基础设施供给中的优越性、可行性以及参与主体及现状，分析充电基础设施领域的事权、财权，研究政府间以及政府和企业的责权关系、利益分享与风险分担；构建我国充电基础设施 PPP 模式供给的理论框架。

多种因素的共同作用决定了充电基础设施 PPP 项目的成败，本书基于质性研究方法中的扎根理论，对充电基础设施 PPP 模式供给的影响因素进行识别、分类、分析，构建了影响因素的理论模型。然后，参照相关成熟量表，开发我国充电基础设施 PPP 模式供给的影响因素调查量表，结合对专业人群的量表调查数据，统计分析出重要影响因素。同时，结合政府、社会资本等被影响主体间的博弈关系分析，加入时间动态因素，着重考虑重要影响因素下该模式的演化博弈关系。最后，依据质化研究和博弈分析的结果，在国外政策经验比较研究的基础上，从充电基础设施 PPP 模式运行主体的政府、社会资本、中介机构等层面提出推进充电基础设施 PPP 模式顺利运行的政策建议，以期实现经济、社会、生态效益的最大化。本书具体内容包括以下方面。

第 1 章为绪论。该部分主要介绍本书写作的研究背景，界定了充电基础设施和 PPP 的相关概念，分析了研究目的和意义以及本书可能的创新点，明确了本书研究思路、研究方法及技术路线。

第 2 章为文献综述。本章从 PPP 的参与主体、分类、特点及运行、应用领域和重要影响因素五个方面的相关研究文献进行综述，从充电基础设施技术视角、规划布局以及供给方式三方面对充电基础设施的相关研究进行综述，分析目前相关研究的主要关注点及不足，为本书研究提供文献基础的同时，提出本书研究的主要关注点。

第 3 章为相关理论基础。本章回顾了相关理论，包括公共品理论、项目区分理论和新公共管理运动中公共品供给市场化的理论，简要说明了新制度经济学的制度供给以及委托代理和交易费用理论，并基于这些理论对本书的研究对象进行了理论分析，为后续的研究奠定理论基础。

第 4 章从识别我国充电基础设施 PPP 模式参与主体出发，结合 PPP 模式在充电基础设施供给试点运行的现状，引入安庆市充电基础设施 PPP 示范项目进行案例分析，为后续展开影响因素的深入探讨提供现实基础，同时，还结合试点、示范 PPP 项目的实践，通过归纳法总结出 PPP 模式在充电基础设施领域的静态框架和动态流程。

第 5 章为充电基础设施 PPP 模式供给影响因素的质化研究。本章在第 2 章文献回顾基础上，介绍原始资料的收集过程和方法，并基于扎根理论这一质性研究思想和方法，对相关专家深度访谈资料进行开放式编码、主轴编码和选择性编码，提炼出其中的核心范畴，构建充电基础设施 PPP 模式供给影响因素理论模型，为后续实证问卷调研提供了理论依据。

第 6 章为充电基础设施 PPP 模式供给影响因素的实证研究设计。本章先介绍研究方法的选择和量表开发的步骤与原则，详细介绍本书量表中初始题项的生成过程。之后对初始量表的预调研实施过程、初始量表的检验和修正过程进行详细介绍。然后在生成正式量表的基础上，详细介绍正式调研的数据收集过程，分析所收集量表数据的样本特征，对正式量表进行信效度检验，为本书实证分析提供数据基础。并对各个变量进行描述统计分析，采用重要性指数以及排序吻合因子等指标考查不同参与主体对各个影响因素的认知评估，为后续相关博弈分析及政策建议的提出提供了实证依据。

第 7 章基于前面识别的重要影响因素，分析在该因素作用下充电基础设施 PPP 模式参与主体间的演化博弈关系，将政府部门的行为分为提供激励措施和不提供激励措施，社会资本方分为采取积极合作行为和采用投机行为，研究合作中政府与社会资本参与方的均衡点及其稳定性，并基于此构建了“激励—合作”演化博弈模型。为使该演化博弈向演化稳定策略发展，就政府部门而言，一方面应该建立全生命周期财政激励机制，引导社会资本积极合作，在项目初期加强补贴的引导、在项目运营过程中使用税收减免等经济激励手段，增加社会资本参与项目的积极性和盈利空间；另一方面应该增加对社会资本违规的处罚力度，促进政府和社会资本合作在我国充电基础设施领域的良性发展。就社会资本而言，一方面要提高企业自身的管理水平和建设效率，引进先进的技术和人才，为双方合作共赢提供保障；

另一方面应该按照 PPP 项目相关的章程和规定，在整个项目进行过程中严格约束自己的行为，保证项目的顺利完成。

第 8 章为结合前述的理论分析和实证分析的结果以及博弈分析的结论，基于充电基础设施 PPP 模式运行现存的问题，从政府、社会资本方、中介机构等层面提出引导我国充电基础设施 PPP 模式规范运行的政策建议。

第 9 章为研究的主要结论以及未来研究展望。本章主要总结介绍本书的研究结论、研究局限与展望。

## 1.5 主要创新点

本书的主要创新点体现为以下几点。

（1）拓展了 PPP 概念的新内涵，认为 PPP 是通过政府公共部门与市场社会团体的合作，达成契约、提供公共品、分担风险、分享利润，使得各种社会资本积极参与公共产品和服务的提供中，实现共赢；它的核心是将市场机制引入公共服务领域，它不仅是产品供给模式和融资模式，更是创新管理模式和社会治理方式的手段，在经济新常态下将引领观念、技术和制度的创新。

（2）通过归纳及案例分析，构建了 PPP 模式在充电基础设施领域的参与主体静态框架以及全生命周期的动态运行框架。利用文献分析及扎根理论的质化研究，提出了以经济因素为根本、政府治理因素为基础、产品服务内部因素为合作条件、社会文化环境因素为保障的充电基础设施 PPP 模式供给影响因素研究模型。为 PPP 模式在充电基础设施中的应用研究提供了新的理论支撑。

（3）综合运用影响因素的重要性指标以及排序吻合因子等

量化工具，结合充电基础设施 PPP 参与主体和相关专家的大样本问卷调查数据，统计分析了各影响因素的重要程度，分别测算并比较分析了政府方和社会资本方对影响充电基础设施 PPP 模式供给因素的重要性排序，这种对比排序的分析方法，为 PPP 模式影响因素的研究提供了新的方法思路和研究视角。

（4）构建了基于重要影响因素的充电基础设施 PPP 模式演化博弈模型，依据重要影响因素设计出了不同的博弈策略，将政府部门的行为分为提供激励措施和不提供激励措施，社会资本方分为采取积极合作行为和采用投机行为，发现合作共赢是 PPP 模式构建的最终目标，并对其均衡点及其稳定性进行分析，揭示各参与主体的内在关系和利益诉求，这种基于重要影响因素的“激励—合作”演化博弈关系分析，进一步拓展了相关研究的范畴。

## 1.6 研究方法与技术路线

### 1.6.1 研究方法

本书采用理论研究、案例分析、计量研究等相结合的综合研究方法。具体有以下方法。

（1）文献分析方法。基于文献研究，经过略读、精读并不断对相关文献进行更新和补充，从多学科综合研究的角度对政府和社会资本合作模式进行探讨，涉及财政学、公共管理学、博弈论以及统计学和计算机科学等定量模型的有效工具。运用现代经济学理论及博弈论的基本方法和原理，对充电基础设施政府和社会资本合作供给中的关系策略进行深入分析，建立政府和社会资本间的互动模型，深入揭示充电基础建设领域中各参与主体的内在关系和利益诉求。

（2）比较借鉴法。通过对国外充电基础设施供给方式以及

PPP模式在其他领域的运作经验，结合我国充电基础设施PPP模式发展现状和特点，对部分案例进行分析，找到问题发生的技术原因和制度根源，总结我国充电基础设施PPP项目规范运作的方向和思路。

（3）质性分析法。在搜集和阅读相关文献并进行半结构化专家及利益相关者访谈的基础上，充分结合我国充电基础设施政府和社会资本合作供给的现状和特点，采用质性分析方法对访谈信息的资料进行分析，提取重要范畴。

（4）问卷调查法。采用文献研究和专家咨询等方式，开发设计影响PPP模式在充电基础设施供给的因素标准化调查量表；选取充电基础设施PPP项目相关参与主体和专家进行网络和实地问卷调查并收集调查结果。2017年10月20日至2017年11月20日，共发放纸质问卷265份，网络问卷486份；最终收回纸质问卷252份，网络问卷453份，共计705份；最终收回有效纸质问卷220份，有效网络问卷412份，共计632份，问卷总体有效回收率为84.15%，

（5）量化分析方法。基于所获量表数据，通过SPSS软件进行统计分析，分别运用描述性统计分析、因子分析以及主成分分析等相关计量模型来获取充电基础设施供给中政府和社会资本合作的重要影响因素，引入重要性指数和排序吻合因子进一步验证分析了不同参与主体对各个影响因素重要性的判断。

（6）实践导向的研究方法。从政府、社会资本、中介组织等层面对充电基础设施供给PPP模式进行设计规划，构建我国充电基础设施PPP模式规范综合运行的框架设计，从政策的衔接、支撑和补充等方面更好地指导制度的建设，提出政策建议。

### 1.6.2 技术路线

本书研究遵循“提出问题—分析问题—解决问题”的逻辑

思路，围绕本书的研究目标和具体内容，按照图 1－7 所示的技术路线展开分析。

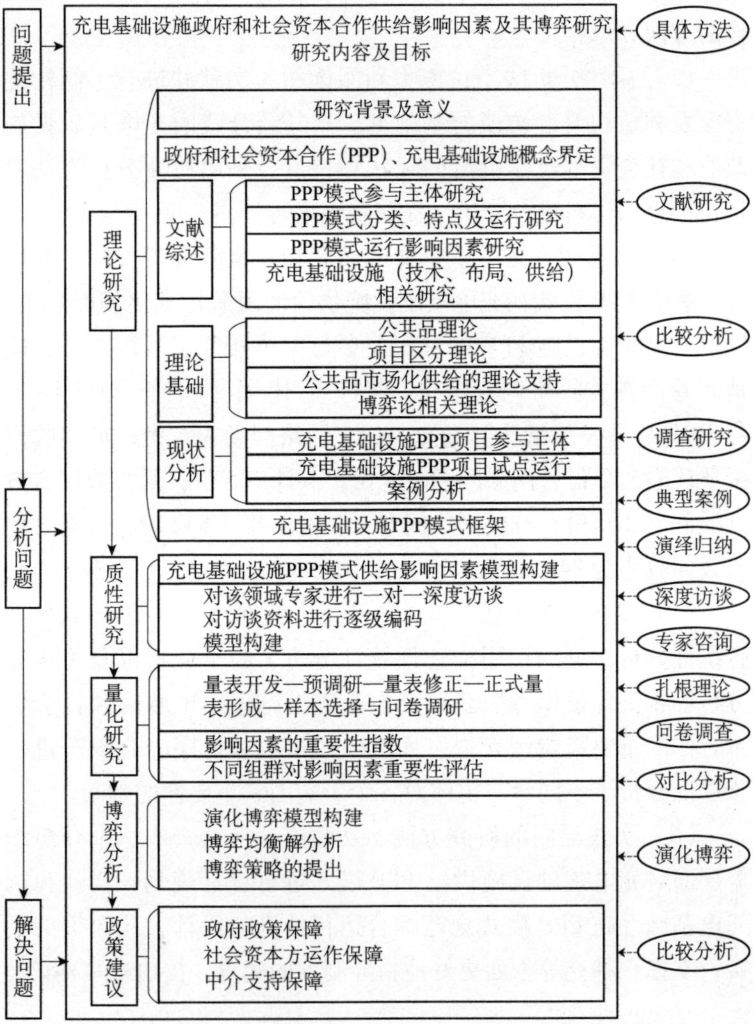


图 1－7　研究技术路线

## 1.7 本章小结

本章主要介绍了政府和社会资本合作模式应用以及充电基础设施的发展状况，阐明了本书的研究目的及理论和实践意义，在界定PPP以及充电基础设施概念的基础上，明确了本书的研究对象、具体内容以及研究方法和技术路线。

# 第2章　文献综述

## 2.1　PPP模式的相关研究

"政府和社会资本合作"是一个多学科研究的范畴，涉及财政、金融、公共管理等多个领域，通过对已有文献的分析，可以看出，既有研究内容集中于理论研究、应用研究及国内外经验借鉴研究，其中理论研究相对较少。研究有的侧重于概念界定等基础理论分析，有的侧重于合作方向和内容的筛选，有的侧重于合作过程的推演，有的侧重于改革实践的探讨，还有的试图将理论与实践、内容与过程相结合，从多个角度全面阐释该模式的应用。伴随着PPP模式在公共品及公共服务领域应用的推广，国内外学者对该模式的关注逐渐增多，欧美国家对PPP模式的研究与应用相对较为成熟，特别是2014年以来，相关研究呈现逐年快速增长的态势，对"政府和社会资本合作"的研究日趋完整。英国、美国、澳大利亚、新西兰等国家在发展政府和社会资本合作应用方面处于领先地位并形成了规范文本和合同指南，金砖国家的政府和社会资本合作模式应用研究也逐渐增多。

在我国，现代意义上的政府和社会资本合作模式的运行时间较短，是伴随着1984年深圳沙角电厂的建设—运营—移交（BOT）项目的展开而开始的，相关研究起步较晚，目前对其研究相对单一，改革的理论研究远滞后于实践应用的发展，有很多经验需要在实践中总结摸索，不断上升到理论层面。总体看来，现阶段对政府和社会资本合作模式的综合研究比重有所下降，相关研究逐步由定性研究向定量研究转移，关于风险、关系、影响因素和融资的实证研究数量逐渐增多；财务管理、采购流程、风险管理以及制度环境建设等为主题的研究比例呈上升趋势。

### 2.1.1 PPP 模式参与主体的研究

本书从政府层面和社会资本层面分别梳理了 PPP 模式参与主体的相关文献并分析两者的关系。

（1）多数学者侧重于 PPP 模式中政府方的研究。首先，由于政府在 PPP 项目供给与操作中起到引领的作用，先动优势明显，因此，研究多集中在 PPP 项目的政府保证和政府支持方面。萨克韦和奥尔森（Thackway & Olsson，1999）通过四个案例分析了澳大利亚生物多样性资源保护及可持续发展中 PPP 模式所起的积极作用，特别指出政府在土地补偿、自然保护区居民安置、跨区域统筹管理、信任机制构建等方面的贡献，政府的宏观协调作用在生物多样性保持方面的作用不容忽视。黄腾等（2009）通过对英国、澳大利亚、中国香港等地 PPP 模式的政府管理比较分析，认为设置较为完善的政府管理机构是项目运行的必要条件。叶晓甦等（2010）运用委托代理理论、信息不对称理论构建了较为系统的 PPP 项目政府监管机制，对监管主体、客体的职责及项目全过程不同阶段的监管内容进行了深入分析。刘向杰（2011）从政府行为角度，建立了影响公私合作项目绩效的结构方程，通过调研数据分析认为政府行为除直接影响项目绩效外，还间接通过投资环境以及信任程度等作用于项目绩效，并依此提出了改进政府行为的政策建议。弗霍斯特等（Verhoest et al.，2015）从 PPP 项目的政府支持层面展开实证研究，基于大量文献界定了PPP政府支持的主要因素，认为政策和政治承诺、法律和监管框架，以及精心设计的PPP支持部门等安排是其核心要素，同时，据此设计出PPP政府支持指数（governmental support index，GSI），阐述了该指数的使用潜力、实用性以及局限性，认为政府支持是一个国家PPP活跃度的必要因素而非充分因素，并据此计算出欧洲20个国家的相应指数值，通过比较研究探讨了政府对PPP模式支持的不同受到国家的治理结构以及特定的宏观制度和宏观经济因素的间接影响。

其次，在政府财政补贴方面，柯永建等（2009）通过案例分析表明社会资本方认为“税收优惠”是对PPP项目财政补贴最有效的方式。吴孝灵等（2013）认为在政府和社会资本合作模式中，合理的政府补贴是解决PPP项目收益不足、提升项目运行的效率的主要途径；并构建了公私部门间的博弈模型，求解分析出政府补偿机制的最优设计是在满足项目社会效益约束条件下社会资本恰好能获得其要求的收益，并且借助数值分析得出政府补偿与项目风险并不是正相关的反直觉性质结论，为政府对此类项目的管理提供了重要的理论依据。杨彤等（2016）认为补贴不仅要考虑社会效益还应切实兼顾财政的可承受能力，可综合采用投资补贴、价格补贴、转移支付等方式，逐步实现从源头补贴到重要环节补贴、从全部补贴到选择性奖励的转变。此外，政府担保或其他收益补偿方式也是转嫁社会资本投资者风险的有效措施。

最后，政府宏观效率也是研究的集中点，王晓腾（2015）通过定量分析我国基础设施建设中公共资本投资和私营资本投资对经济增长的贡献，认为存在一个较差的公共资本与私营资本投资的搭配比重，约为22∶78，达到或接近这个比重，都会使基础设施投资对经济的增长发挥较低的效率，而通过利用公共资本撬动私营资本的介入，将会促进基础设施发展，进而提升经济增长效率。

（2）部分学者侧重于 PPP 模式中社会资本方的研究。由于 PPP 项目中社会资本的参与方并不固定，因此，目前单独从这个视角进行研究的文献数量较少，更多的是作为研究 PPP 项目的组成要素来分析，研究大多集中在社会资本方的进入障碍以及社会资本方的投资决策分析。例如，唐祥来、刘晓慧（2016）认为政府的决策最终将通过作用于社会资本参与方的企业来影响其投资行为，因此，应该从企业层面展开研究，通过揭示企业参与 PPP 项目的真实动机，并从企业层面构造 PPP 投资——政策激励响应模型，反映投资主体的利益诉求，契合市场参与社会治理的特点。

（3）政府方和社会资本方合作关系的相关研究。在政府和社会资本参与主体合作关系的处理方面，已有文献大多采用不同的博弈模型展开，其中，讨价还价、合作博弈、演化博弈等均有采用；契约合作关系的维护也是研究的重点。萨瓦斯（Savas，2000）等学者主张民营资本通过契约的形式与政府部分合作参与公共产品或服务的供给领域；埃西格等（Essiget al.，2005）认为 PPP 是一种基于契约的长期合作关系；刘穷志（2017）从不完全契约理论的视角，结合数理模型，梳理了政府和社会资本的关系并将其与传统模式进行比较。王颖林等（2016）建立了政府与投资方之间的博弈模型，认为只有设定合理的奖惩制度才能实现预期激励效果。王俊豪、金暄暄（2016）分析了政府和民营企业在 PPP 契约关系中存在的问题，运用轮流出价合作博弈模型，论证了股权契约治理是政府和民营企业契约治理的核心，并得出了博弈均衡解，即在保证两者相互制衡的前提下，让社会资本方的民营企业在 PPP 项目中占据较大的股份，同时，注意合理分散社会资本方的股权，有效规避利益冲突。

此外，合同是政府和社会资本关系的法律体现，PPP 项目本质上是一种基于合约的制度安排形式，合同制定、合作框架的构建、合同执行过程中的再谈判是合作的重要基础，也是部分学者的关注点。阿卜杜拉齐亚等（Abdulazia et al.，1994）通过合同的 11 个属性构建了一个项目合同治理的定性模型。张磊等（2017）从政府和社会资本双方的二元治理结构出发，从合同治理机制及衡量维度出发，构建了基于 PPP 项目权利配置、风险分担、收益分配全过程的合同治理体系。

### 2.1.2 PPP 模式的分类研究

目前，政府和社会资本合作的深度和形式并没有统一的标准，由于受到不同影响因素的作用，因此，存在多种契约方案和表现形式。根据经济发展、经济体制、所属地区、个人偏好等的不同，不同国家、机构、研究人员对合作模式的划分也有所不同，需要具体问题具体对待。目前，国际机构和部分学者对其存在有差异的分类。世界银行在综合考虑资产所有权、经营权以及投资关系、商业风险和合同期限等方面，将 PPP 模式的实施具体分为外包类、特许经营类和私有化类，如图 2－1 所示。联合国培训研究院认为特许经营、BOT（建设—运营—移交）和 BOO（建设—拥有—运营）属于 PPP 分类范畴。欧盟委员会将 PPP 按照投资关系分为传统承包、一体化开发和经营、合伙开发。

英国是 PPP 模式的先行者，其 PPP 的结构分类为私人融资（PFI）模式、合资企业、特许经营、外包以及出售国有产权，

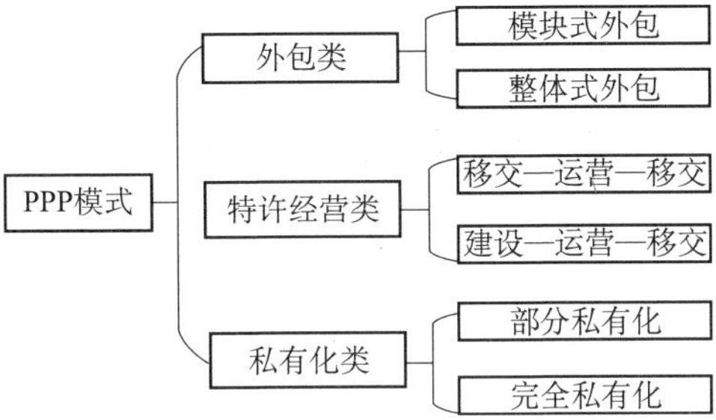


**图 2-1 世界银行 PPP 模式分类**

其中，PFI 是该国应用最广泛的一种类型，它是指项目资金主要由私人部门提供，付费偏重于政府。美国则注重私人部门的项目参与程度，将 PPP 模式分为 16 种具体类别。加拿大 PPP 国家委员会按照项目合作过程中转移给社会资本部分的风险，将 PPP 模式细分为 12 个类别。法国是特许经营模式的发源地，特许经营是法国建设和管理“商业型”公共基础服务设施最普遍的模式。

在中国，PPP 模式的具体运作主要采用购买服务、特许经营、股权合作三种分类方式开展，如表 2-1 所示。此外，PPP 模式按政府是否享有终极产权即项目所有权，分为两类：一类是政府拥有终极产权，如 LBO（租赁—建设—运营）、BOT、BTO（建设—移交—运营）模式等；一类是企业拥有完全产权和永久的经营权，如 BBO（购买—建设—运营）、BOO 模式；按照 PPP 模式下的项目所处的阶段，可将其分为存量项目（已建设完成的项目、已有项目改扩建）和新建项目。按照 PPP 模式最终获得收益即回报机制，分为使用者付费、政府付费和可行性缺口补助方式，其中，使用者付费是由最终消费用户直接付费购买公共品；可行性缺口补助是使用者付费不足以满足项目公司成本回收和合理回报时，由政府给予项目公司一定的经济补助，以弥补使用者付费之外的缺口；政府直接付费则是政府直接付费购买公共品。

表 2－1　我国 PPP 模式具体运作方式分类

| 方式 | 类型 | 定义 |
|---|---|---|
| 购买服务 | 委托运营（O & M） | 指政府将存量公共资产的运营维护职责委托给社会资本或项目公司，社会资本或项目公司不负责用户服务的政府和社会资本合作项目运作方式 |
| | 管理合同（MC） | 指政府将存量公共资产的运营、维护及用户服务职责授权给社会资本或项目公司的项目运作方式 |
| 特许经营 | 转让—运营—移交（TOT） | 指政府将存量资产所有权转让给社会资本或项目公司，并由其负责运营、维护和用户服务，合同期满后资产及其所有权等移交给政府的项目运作方式 |
| | 改建—运营—移交（ROT） | 指政府在 TOT 模式的基础上，增加改扩建内容的项目运作方式 |
| | 建设—运营—移交（BOT） | 指由社会资本或项目公司承担新建项目设计、融资、建造、运营、维护和用户服务职责，合同期满后项目资产及相关权利等移交给政府的项目运作方式 |
| 股权合作 | 建设—拥有—运营（BOO） | 指由社会资本或项目公司承担新建项目设计、融资、建造、运营、维护和用户服务职责，在合同中注明保证公益性的约束条款并拥有项目所有权的项目运作方式 |

PPP 模式呈现多元化发展的趋势，各国在推行时都会结合项目特点加以创新，是一个动态演变的范畴，但是具体到每一个项目，一些学者致力于 PPP 分类运行模式的选择研究，认为需要根据公私合作的程度或是社会资本参与项目的程度，以及项目类型、规模、设计规划、风险分担、绩效和背景环境等因素找寻与合作关系匹配的具体运行模式，如部分学者认为 BOT 适用于准营利性或非营利性项目，BOO 更适用于具有营利性的项目等。

### 2.1.3 PPP模式的特点及运行研究

大部分学者认为，PPP模式代表了有效提供公共服务的真实组织创新，而反对者们则认为，它只是一种由意识形态所驱动的阴谋，并将最终威胁公民所享有的社会福利。国外很多学者认为节约资源是该模式的特征，在PPP项目进行的不同阶段由政府和社会资本方分担风险，并且能够降低项目全生命周期的总成本，初始投资较大、后期成本增加逐渐减弱、规模效应明显是其特征之一。赖丹馨等（2010）认为，PPP项目的特点主要是责任整合、不完全缔约以及利益共享。贾康，孙洁（2011）指出，伙伴关系、利益共享和风险分担是政府和社会资本合作模式的主要特征，多样性、复杂性、长期性是其重要特点。“融资性”被大部分学者认为是政府和社会资本合作的首要特点，可以通过该模式的运用弥补基础设施建设资金的不足。

国外学者对PPP运行机制的研究较为成熟，但国内学者针对PPP运行机制的研究要稍显滞后，这主要是由于现阶段我国PPP项目才刚刚启动。通过分析我国财政部发布的第二批PPP示范项目看，PPP项目的落地周期一般在一年半左右，目前运行的项目存在落地率较低的问题，部分是由于现阶段PPP的实践更多的是“摸着石头过河”，缺乏相应的理论支持，运作机制构建不完善。仅有部分学者对其进行研究，如亓霞、王守清（2009）通过比较国外PPP项目融资渠道，建立了适合我国PPP项目融资渠道可选择的框架性流程图；伍迪、王守清（2014）在借鉴已有文献的基础上，建立并采用“project - partnership - process”3P维度分类法，将研究内容从项目管理、参与主体以及项目过程进行研究趋势的总结与分析。

有的学者侧重于分析项目运行中某个环节的具体机制，这些研究集中在准入机制、融资机制、定价机制、激励机制等。还有的侧重于对 PPP 运行过程中某一个主线的研究，如 PPP 合同治理、项目全程监管等。少部分学者从治理机制构建的视角全面分析了 PPP 模式的运转，理论分析更加丰富。纵观目前对 PPP 运行机制的研究，大多数离不开与具体项目的结合，特色鲜明、针对性较强、指导意义明确；通过梳理文献，可以看出对运行机制构建的关注点大多集中在项目的建设和运营管理阶段，反映出现阶段 PPP 模式的实践进程，但作为一种运行机制的研究并不全面，缺乏从项目全生命周期的长度来探讨。

### 2.1.4 PPP 模式的应用领域分析

PPP 模式是一种非常灵活的方式，国外对 PPP 模式的应用广泛，各国在该合作框架下，对具体的项目进行模式的发展和创新，研究人员结合项目实践案例对分布在不同地区的能源、医疗、交通、通信、水处理、生态建设、市政工程等领域的项目的 PPP 模式进行了分析，这些项目涉及公共服务领域，与公众生活紧密相关。在我国，PPP 模式的应用领域尚无统一的规定，目前，各级政府更倾向于将适用项目罗列出来，但是这些范围已经滞后于实务领域的发展，实际应用领域还需要根据项目特点，通过可行性研究和物有所值判断再决定。学者们结合国情认为，对 PPP 模式的研究从西部大开发到城镇基础设施逐渐扩展到对城市经营、廉租房、安置房、地铁、海绵城市、综合管廊、小城镇开发、精准扶贫等多个方面，认为该模式是提供基础设施较为有效的供给方式。然而值得注意的是，PPP 模式也有其劣势，考虑到项目成本、质量以及期限等因素，PPP 模式并非适合所有项目，应谨慎挑选专门的领域，避免演变成一场运动式的工作。

由于我国水务环保领域的 PPP 项目应用早、数量多、经验丰富且有很多的问题亟待解决，因此相关研究也多聚焦于此。在水处理方面：周开锡（2012）分析了 PPP 模式在中国污水处理行业的主要形式，并收集大量案例说明各形式的优缺，为政府推进该模式的应用提供了相关建议。逯元堂等（2015）认为水污染防治需要遵循“市场驱动、多元投入”的机制，建立吸引社会资本的 PPP 模式，调动社会资本的积极性。唐祥来、刘晓慧（2016）收集了 1994 ~ 2015 年我国 453 个水业基础设施 PPP 项目的样本数据，将我国划分为东部发达和中西部欠发达两个区域进行对比考察，并根据经验将税收负担、地方公共支出、外国投资、城镇居民人均收入作为 PPP 水业项目主要影响因素，验证了社会资本的介入有力地提高了城市供水综合生产能力，促进了水行业的全面发展，特别分析了社会资本对中西部地区的水业公共投资具有“挤入效应”，而对东部地区表现为“挤出效应”，并提出需从完善 PPP 税收政策支持体系、推进利率市场化进程、优化金融环境、加强政府引导与支持等方面的政策建议。还有一些学者结合案例研究深入探讨每个水处理 PPP 项目的必要性、可行性以及政策建议。

在场馆基建、交通路网、保障住房建设等公共项目建设领域，引入 PPP 模式已成为理论界和实践界的共识。郑志强等（2011）应用博弈方法，通过对“鸟巢”的案例分析，认为缔约各方收益分配是目前国内大型体育设施 PPP 模式成功与否的重要因素，并据此设计出体育场馆 PPP 模式的最优收益分配模型，阐释了在完全市场化条件下，参与方讨价还价能力、投资合作资源的重要性和风险偏好的程度决定了该模型合作收益的分配比例。总之，PPP 模式开拓了多元化的融资渠道并提升了场馆的专业营运水平，因此，逐步获得国际上的广泛认同。伴随着城镇化进程的加快，PPP 模式下住房相关建设的研究也日益增多：埃及、印度、巴基斯坦、南非、保加利亚、墨西哥、俄罗斯、泰国和英国等都已成功采用 PPP 模式提供住房，美国、加拿大、马来西亚也都通过制定不同的政策推行 PPP 模式在住房领域的应用。在我国，学者们认为将 PPP 模式应用到政府保障性住房项目中是合理的，并依照利益分配原则构建了利益分配模型，分析保障房建设项目中公私合作的责权分配、运行机制。在农地整理方面，汪文雄等（2010）特别提出分阶段展开对影响效率因素的研究，并建立了项目前期阶段效率影响的体系结构，依次构建了相应的结构方程理论模型，利用问卷调研数据分析后表明：社会资本的投资与实施对项目前期阶段的效率影响最大。

随着经济社会的不断发展和人民生活质量的日益提升，人们越来越希望在公共领域获得更好的服务，因此，涉及该领域的相关研究也呈现增长态势。如 PPP 模式与医疗养老的结合研究日趋增加。医疗服务是国外 PPP 应用的重点领域，欧美多国都有大规模的应用，特别是英国，PPP 模式已成为该国医院的主要提供方式。程哲、王守清（2012）采用 PEST - SWOT 方法从政治（political）、经济（economic）、社会（social）和技术（technological）四方面识别民营资本参与医院 PPP 项目建设的机会、威胁及优势、劣势，并针对每一种可能组合分别采取利用、改进、监控、消除的策略提出了相应的措施。在教育服务领域，PPP 模式的应用有必要区别基础、高等教育等不同类型，在强化政府责任的同时释放社会资本方的参与活力，构建多元共治的 PPP 模式教育产品供给新平台。

### 2.1.5 PPP 影响因素的研究

政府和社会资本合作能够顺利实施，影响因素的作用不容忽视。大部分学者对 PPP 影响因素的研究集中在宏观层面。英国的 PPP 应用研究较早，李冰（Bing，2005）等学者通过对英国建筑行业 PPP 项目的调查分析，首次将影响此类项目合作的关键成功因素（critical success factors，CSFs）归纳为五个方面，如表 2－2 所示，研究结论显示，在 PPP 项目开展的初始阶段，政府的扶持引导比较重要，而在项目开始的土地征用阶段，社会支持的力量将发挥积极效用。此外，他们提出了影响因素中“软指标”和“硬指标”的分类，将利益相关者的关系以及相应的管理等软指标纳入考量范围。

**表 2－2　　PPP 影响因素归纳表**

| 作者 | 具体因素 |
| --- | --- |
| 李冰（Bing，2005） | 有效的采购，项目的可行性，政府担保，有利的经济环境，完善的金融市场 |
| 张祥（Zhang，2005） | 经济可行性，通过可靠的合同安排风险，健全的财务包，可靠的拥有强技术支持的特许经营财团，良好的投资环境 |
| 杰弗里斯（Jefferies，2006） | 认清项目特征，合理的招标过程，有效的风险管理 |
| 陈等（Chan et al.，2010） | 稳定的宏观经济环境，政府和社会资本的责任分担，透明有效的采购流程，稳定的政治社会环境，有效的政府管控 |
| 陈炳泉，彭曈（2010） | 稳定的宏观经济条件，良好的法律体系，完善的经济政策，可利用的金融市场，多效益目标，适当的风险分配和分担，公营部门和私营机构的承诺与责任，良好的私营机构，良好的行政管理，项目技术可行性，公营部门与私营机构权力共享，政治支持，社会支持，完善的组织和公营机构，采购程序的竞争程度（足够的投标者参与其中），采购程序的透明度（过程公开和公正），政府通过提供保证参与其中，对成本和收益进行详尽和真实的评估 |
| 张红平，叶苏东（2016） | 健全的国家法律法规体系，优质的产品或服务质量，稳定的市场需求 |
| 陈昶彧（2016） | 中国所处的特定发展阶段，基本经济制度，体制机制环境，理念及目标导向 |

续表

| 作者 | 具体因素 |
|---|---|
| 和军，樊寒伟（2016） | (1) 合理的规划、方案设计、试点经验总结、国内外多领域专家支持<br>(2) 较高的政府信誉与能力水平、法律政策支持、不断完善、透明的信息、良好的监管制度与监管者、利益相关者支持及政治支持<br>(3) 招标程序规范合理、竞争与激励制度方案设计科学、专业的实力 PPP 项目公司参与、充分发挥社会资本方的专业能力而非仅以融资为目的<br>(4) 注重与地方财政预算相结合、合理制定包含项目风险预算和运营费用的财政管理制度，科学利用项目相关的增值商机（如沿线开发）<br>(5) 公私各方相互信任、承诺可信、相互协作意愿强烈、信息沟通畅通、易于协调<br>(6) 费率及期限设计合理、对不可预期风险有合理应对预案、契约具有一定的灵活性、能够适应形势变化进行适当调整 |
| 任志涛，武继科（2017） | (1) 政治方面：①政治和政策；②政府信用；③审批和许可；④政治不可抗力<br>(2) 建设方面：①技术能力；②融资能力；③建设变更；④环境保护；⑤建设不可抗力<br>(3) 法律及合约方面：①法律体系完善性；②法律稳定性；③合约合理性；④风险分配<br>(4) 金融方面：①利率汇率变动；②通货膨胀；③影响宏观经济事件<br>(5) 组织方面：①私人投资者变更；②组织协调；③回购<br>(6) 运营方面：①运营管理；②资源管理；③管理者素质；④公共需求 |

张祥（Zhang，2005）通过文献梳理、案例分析以及专家咨询整理出影响基础设施 PPP 的影响因素，特别是关键成功因素及成功次级因素，其中，关键成功因素按照重要性排序，如表 2-2 所示。杰弗里斯（Jefferies，2006）通过对悉尼穹顶体育馆的案例分析，识别了政府和社会资本合作的影响因素。陈等（Chan et al.，2010）整理出影响中国政府和社会资本合作的 18

个关键因素并在中国内地和香港收集了87份有效的调查问卷，运用SPSS软件进行了因子分析和主成分分析，将其归纳为五个因子，为现阶段分析政府和社会资本合作的主要影响因素提供了研究模板。伊斯梅尔（Ismail，2013）认为PPP模式的主要影响因素是为了提供匹配经济发展的更多设施、私人动机的满足以及政府融资的短缺。

袁竞峰等（2012）从PPP项目的重要成功因素中提炼出具有代表性、简单易量化的绩效评价指标，构建了关键绩效指标概念模型及指标系统，为公共部门绩效监管提供了有效的依据。许娜（2014）通过梳理文献列出了国际上直接和政府和社会资本合作项目相关的关键成功因素的清单，初步得到22个影响准经营性基础设施的因素，并通过访谈、讨论对其进行了修正和补充，确定了33个重要影响因素，特别指出“组织良好有信誉的公共部门”“清廉稳定的政治环境”“满足公众的安全和健康标准”是排在前三位的影响因素，应在项目运行中重点关注。

张红平、叶苏东（2016）通过文献分析和问卷调查，从“内部产品和服务指标”“外部市场与环境指标”“人的作用的组织制度要素”识别了PPP项目成功实施的影响因素，并应用层次分析（AHP）方法获取权重值，且通过决策实验室分析法（DEMATEL）计算各因素之间的相互影响。此外，还有部分学者总结了相关影响因素，详见表2－2。

除了上述从宏观层面对整个PPP模式影响因素的分析，部分学者侧重于PPP项目不同运行阶段影响因素研究。吴等（Ng et al.，2012）认为PPP项目的可行性研究阶段的重要影响因素将决定整个项目的未来，因此，针对该阶段的影响因素研究分析显得尤为必要，他们通过对政府部门、私人部门以及PPP项目的消费者发放调查问卷和进行半结构化专家访谈，综合分析了香港 PPP 模式在初始可行性阶段的关键成功因素，并将所涉因素归集为四大类：技术、经济、社会、政治法律，通过层次分析和比较分析，认为 PPP 项目的消费者更关心的是项目的收费情况，而政府部门和私人部门关心项目采用传统方式提供 PPP 模式的成本差异，并提出了建立一种“public - private - people partnership”三方共赢的合作模式，为我们今后的研究提供了很好的借鉴。

刘婷婷等（Liu et al.，2016）认为招投标过程是 PPP 项目运行的核心，为提升项目运行的效率，识别了该阶段的重要影响因素，将其分为七个维度，分别为项目开发的可靠性、项目质量、公共部门的能力、政府治理结构、有效的沟通、招投标过程的竞争力水平、招投标的透明度，并对比分析了澳大利亚和中国在 PPP 项目招投标过程中的现实问题，提出了完善的建议。还有的学者关注谈判环节影响因素的研究：孙慧等（2010）通过识别政府和社会资本合作项目全生命周期即项目选择评估阶段、招投标阶段、特许权授予阶段、建造阶段、运营阶段、移交阶段的关键成功因素，借鉴国际经验指出政府和社会资本合作项目再谈判的重要影响因素主要有宏观环境因素、合同是否完善、监管是否到位、激励机制、合作伙伴关系以及风险分担机制。

杜亚灵等（2015）通过半结构化访谈及扎根理论研究方法，从政府和社会资本合作项目谈判过程的角度挖掘出影响信任的因素，将其归纳为项目双方的固有特征、交互行为以及心理契约三个类别，并依此构建了信任对项目谈判过程的影响作用机理。夏立明等（2017）同样采用扎根理论展开对政府和社会资本合作项目在再谈判过程影响因素的探究，认为谈判人员属性、谈判互动以及谈判氛围是其核心范畴，分析了因素间的内在路径关系及作用路径，并指出信任是中介变量，信息有效性是判断准则。

还有一些学者就 PPP 项目的具体运行方式展开影响因素分析，如孟宪海（Meng，2011）等通过对沈阳、上海、深圳、兰州等城市供水系统 TOT（转让—运营—移交）模式的典型案例分析，总结出盈利能力、资产质量、公平分配风险、竞争激烈投标、政府内部协调、专业顾问、公司治理以及政府监督，特别是各方利益的平衡是 TOT 项目成功的必要条件。余鼎荣（2005）在文献梳理和问卷调查的基础上，将影响 DB 项目的因素归纳为五类，并且识别出承包商的胜任能力因素、风险与责任的评估因素以及把握最终用户需求程度的因素与 DB 项目的运行效率呈显著相关。亚斯加尔等（Askar et al.，2002）结合埃及的环境保护 BOT 项目，阐释了其面临的各种问题，总结识别出影响项目运行的因素。

通过文献梳理，发现部分学者认为风险管理是 PPP 项目实施的影响因素之一，并且单独论述其重要性，主要涉及项目风险识别、评价以及分担。目前，应用最广泛的风险识别为李冰等（Bing et al.，2005）基于英国的 PPP 项目按照风险来源的不同将风险分为宏观、中观、微观层面风险。部分学者通过案例分析和问卷调查法指出此类项目中的风险主要有财务风险、政治风险、经济环境风险等。还有学者从来源环境视角将风险分解为内部风险和外部风险，其中，内部风险又包括融资风险、设计风险、建设风险以及运营风险；外部风险则包括政治风险、法律风险、市场风险等。范小军等（2004）将 PPP 项目风险分为了七大类和 33 个指标；亓霞、柯永建等（2009）归纳和总结了中国 PPP 项目案例的风险因素。此外，风险的评价也是理论界关注的热点，具体有定性评价和定量评价，评价多采用专家打分评价法、蒙特卡洛模拟法、敏感性分析法以及层次评价法等，考虑到 PPP 项目相关历史数据不易获取，多数学者倾向于使用德尔菲法和模糊评价理论相结合的层次分析法来评价各类风险，如李妍等（2015）运用德尔菲法进行问卷调查获取定量数据，进而采用优化的模糊层次分析法构建了基础设施 PPP 项目的风险评价模型。再者，风险的合理分担是风险管理的最终目标，它是指由最有能力掌控风险的参与方承担风险，它能够科学地制衡利益相关者之间的责权利，如果能够将各自应该承担的风险内容固定下来并且辅以合同的形式确认，将有助于项目参与者各方避险意识的提升，使他们更好地发挥自身的长处，实现共赢。目前，对政府和社会资本合作风险分担和规避的研究较多，主要采用博弈分析法、德尔菲法、数理统计模拟实验方法等，如李林等（2013）基于完全信息和不完全信息条件下 PPP 项目参与方地位非对称的风险分配情况，利用博弈论中的讨价还价模型，得到相应子博弈均衡即项目风险的分配比例。拉姆等（Lam et al.，2007）利用模糊逻辑方法构建了项目风险分配的模型。

在 PPP 模式的应用过程中，有部分项目没有达到预期目标而失败，少数学者也梳理总结了相关教训，并提炼出影响 PPP 模式运作失败的主要因素，以期为失败因素的控制提供建议。阿卜杜勒 - 阿齐兹等（Abdul - Aziz et al.，2011）通过问卷、访谈以及案例研究对马来西亚住房 PPP 项目的失败因素进行了分析，指出缺乏明确、有约束力的协议是项目失败的主要因素。传卡农等（Trangkanont et al.，2014）分析了导致 PPP 项目失败的影响因素为无效的交易管理、低劣的招标文件、不恰当的承包人、低效的合作政策和战略以及渐趋削弱的组织文化和员工行为等。任志涛、武继科（2017）通过文献梳理及专家访谈，借助结构方程理论工具，从政治、建设、法律及合约、金融、组织、运营六个方面筛选出导致项目失败的 23 个主要因素，同时，通过测量模型分析了这些因素间的相互关系及路径系数，结果表明，这些因素与 PPP 项目失败的因素之间均存在正向关系，特别指出法律和合约中的风险分配是导致失败的主要因素，并提出相应的对策建议。

## 2.2　充电基础设施的相关研究

充电设施的基础性、关键性作用各方已达成共识。国际气候组织曾在 2010 年初对 40 名电动汽车相关行业专家进行访谈，调查结果显示，充电基础设施建设的重要程度在电动汽车发展众多影响因素中排名第二，超过了购买价格因素，仅次于电池技术因素。美国、德国、日本等主要发达国家和汽车工业强国均围绕未来电动汽车开展了多项研究，充电基础设施经常作为研究电动汽车的子项，依附性较强。考虑到该领域相关研究成果较多、更新快，且相似性较高，本书主要从技术视角、规划布局、供给方式选择等方面，对近期具有代表性的成果进行综述。

### 2.2.1　充电基础设施的技术视角研究

随着充电基础设施重要性的提升，对其关键技术的创新与完善的研究逐渐增加。拉赫曼（Rahman，2016）从理化原理的角度全面总结了对充电基础设施的技术研究，认为之前的研究更多地关注充电基础设施自身的技术，而忽略了对电网造成的影响，应该结合智能电网的建设来优化充电基础设施的布局，并且提出建设太阳能充电站的想法。为了使充电设施能更加便利、安全、快速地为电动汽车服务，有学者应用遗传算法分析电动汽车充电电池的生产使用。此外，随着互联网技术的普及应用、大数据时代的来临，充电基础设施网络化的研究逐步展开。孙强等（2011）认为，在充电基础设施的建设阶段，需要安装智能电表、双向通信设施，使供电网络和充电用户建立互动平台，成为智能电网的重要组成部分。刘娟娟等（2016）从“互联网 +”的视角构建了智能充电商业模式服务系统。巴蒂（Bhatti et al.，2016）探讨了光伏充电技术的可行性和注意事项。

在技术领域，充电基础设施标准的制定及统一也是学者们关注的热点，涉及国际标准、国家标准、行业标准、地区标准以及企业标准等各个层面，也涉及充换电设备、充电接口、充电计量装置、充换电站等各个类型。国际电工委员会以及美国、日本、德国等国家的行业组织都制定了自己的标准并积极地参与国际标准的修订，特别是在充换电设备及充电接口标准的制定上，多数学者都呼吁推动国际标准的统一，否则容易造成充电基础设施建设的巨大复杂性和不确定性，在增加各个电动车生产企业的研发成本的同时还不利于消费者的兼容使用，造成了极大地浪费，而且由于标准的不统一也会导致充电使用环节的不方便。

### 2.2.2 充电基础设施规划布局方面的研究

在充电基础设施规划布局方面，伴随着电动汽车在世界范围的应用推广，各国关于充电基础设施的优化布局及有效提供的研究都在不断推进，学者们主要关心的是充电负荷的总量和充电基础设施的分布，中国充电基础设施的布局晚于发达国家，相应的学术研究起步也比较晚。肖湘宁等（2014）在国家电动汽车推广工作展开之际，归纳了充电基础设施规划中的若干关键问题，意识到充电基础设施的规划建设是影响电动汽车推广成效及发展规模的重要因素。多数学者都认为充电基础设施的合理布局是电动汽车产业有序发展的必要条件，并从充电基础设施规划的基本原则出发，考虑电动汽车的负荷需求空间，研究其规划与配电网规划的结合，并应用区域交通流量守恒定理，从电网技术的角度提出了基于年最小费用的充电站选址模型。也有学者以充电站年最大收益的经济目标展开充电站的选址布局。还有学者从动态的角度将充电设施规划分为示范阶段、公益阶段和商业运行阶段，提出了相应的规划原则、流程及选址模型。唐葆君、郑茜（2013）利用因子分析及 Logit 回归方法，从需求侧的消费者偏好角度出发，发现在电动汽车配套基础设施布局过程中，消费者比较重视社会环境效益、技术属性、内在条件及外在属性四大类影响因素。瓦尼克等（Wanik et al.，2013）研究发现，电动电网充电的谐波污染不像大多数电力系统研究人员和工程师所认为的会造成不良的环境影响，进而影响布局选址。虽然这些研究都有益于充电基础设施的实际规划和具体布局安排，但是由于很多方法要求的步骤严苛、数据难寻，因此，相关的研究还需提高可操作性以满足充电基础设施发展的需要。

### 2.2.3 充电基础设施供给的研究

充电基础设施的供给是充电基础设施技术提升和规划布局研究的最终落脚点。短期内仅通过技术手段难以解决充电基础设施的有效供给，现阶段只有依靠制度创新才能有效解决。美国作为发达国家的代表，实施了多项充电基础设施的供给计划，大多以可量化的激励政策鼓励企业和个人参与提供，其研究成果正逐年上升，并且大幅领先于其他国家。为了保证及时充电，美国在部分推广电动汽车的试点州采用了“居家充电”和“公用充电”双保险的组合充电供给模式，并且其“公用充电”设施大多布局在州际高速公路沿线，目前在多个试点州的城市的社区学校、书店、连锁超市以及宾馆等地积极规划公用充电设施。然而，除加州外，全美道路上的充电设施还远不能满足电动汽车的日常需求。德国的充电基础设施供给尚处在初步开放和示范运营阶段，政府、能源公司、电力设备制造商、汽车生产商都已经参与到充电基础设施的建设中。施罗德和特拉伯（Schroeder & Traber，2012）认为，德国只有大力推进电动汽车的使用、大幅度地降低充电基础设施的建设成本，才有可能大规模供给充电基础设施的建设。而日本的充电基础设施供给则是以企业为主导，丰田、日产、三菱汽车、富士重工等企业与日本东京电力公司成立行业协会制定标准，推广充电基础设施建设。卡洛斯·马丁（Carlos Madin，2016）结合西班牙交通热点地区、高速公路网充电以及家庭自用充电模式的案例，评估了不同充电基础设施供给方式的优缺，认为家用充电方式将大大提升电动车的普及率，在交通密集地区布置大量快速充电基础设施可以提高充电基础设施的收益水平，因此，未来的相关政策既要考虑完善公共领域的充电设施，也要考虑如何刺激私人领域的设施配备。

塞拉迪利亚等（Serradilla et al.，2017）认为英国的充电基础设施建设仍处于创新起始阶段，很多数据难以收集，因此，仅采用了快速充电网络项目中的实际支出成本等现实数据对快速充电基础设施的供给方式进行了实证分析，认为在高速路旁建立快速充电基础设施是较为有效的盈利方式，并建议继续加强财政激励措施。此外，国外还有部分学者专门研究了充电基础设施供给中的政策支持，例如，阿汉姆（Åhman，2006）以日本的电动汽车发展为研究对象，从公共财政视角分析了支持充电基础设施建设的主要因素是技术进步和政策支持；斯克洛和温布拉克（Skerlos & Winebrake，2010）从财政补贴、税收抵免政策等视角比较分析了美国电动汽车以及充电基础设施建设的公共政策。

随着我国充电基础设施呈现出明显的基于商业化服务能力提升为导向的发展趋势，探索成熟的充电模式、寻求最佳的盈利方式逐渐成为学者们共同关心的话题。学者们普遍认为整车充电（快充、慢充）是较为有效的方式，周逢权等（2010）不仅分析了整车充电、更换电池这两种运营模式，而且比较分析了这两种模式的竞争力、盈利方式及对电网运行的影响，认为未来我国电动汽车发展的主流供给模式是以更换电池为主、整车充电为辅。有学者从安全视角分析，认为现阶段不易展开更换电池的运营方式。埃森哲公司（2011）在相关研究的基础上分析认为在充换电技术发展趋势不确定、电动汽车数量相对较少的时期，分布式慢充模式由于其投资小，风险低等优势将长期存在。田博（2012）认为可以借鉴通信行业网点服务或者石油石化行业的商业运行模式。

充电电价的确定是学者们在充电基础设施供给中普遍关注的问题。电价的合理制定，可以满足经营者的收益需要，还可以鼓励需要充电服务的消费者对用电产生削峰填谷的作用，同时，还可以根据配电网的拥堵情况采用动态分配收费系统，达到既使充电成本最小化又能防止电网拥堵的双重目标。还有一些学者根据充电设施的运营商和电动汽车用户的意见来制定充电电价的参考范围。已有文献对电价的考量多是出于充电对电网的技术影响。然而，如果仅从技术角度考虑，由于充电基础设施建设成本、电网线路改造成本、信息处理成本高等原因势必导致充电服务价格远高于消费者的承受能力，不利于电动汽车行业的发展。此外，不同充电基础设施运营商之间的收费标准、支付方式以及信息共享方面还存在壁垒，互联互通的水平有待提升。

在充电基础设施供给主体的选择上，学者们认为政府、相关企业和消费者都有提供的可能。有的学者强调了电网企业在充电基础设施提供中的重要作用；有的学者则认为充电基础设施的供给模式主要有政府主导、充电关联企业主导、社会企业主导以及电动汽车用户主导等类型。刘坚（2011）按照“政府引导、市场主导、企业化运营”的原则，构建了多元的充电基础设施投融资模式。通过对政府主导模式、企业主导模式及电动汽车用户主导模式在充电基础设施供给的利弊分析，认为由政府参与和扶持、企业主导和推动的商业模式是最优的供给方式，并对政府和企业在充电基础设施建设运营中职责界限进行了初步界定。

张勇等（2014）分析了充电基础设施供给主体多元化的必要性和可行性，认为政府和私人部门合作是推动充电基础设施供给方实现博弈高效率均衡的必由之路。薛奕曦等（2014）认为在电动汽车产业链的商业模式运行中，整车制造商、设备制造商等盈利能力较强，而充电环节盈利能力最差，在现阶段不具备盈利的可能性，商业化运营的基础较为薄弱，政府仍将发挥主导作用，财政补贴在现阶段还尤为必要，但以何种方式进行补贴并没有说明。刘娟娟等（2015）在考虑政府补助以及建设运行成本基础上，提出了适应我国现阶段的充电基础设施运行应注重汽车厂商与电网企业联盟。王潼、李平（2017）梳理了当前充电基础设施供给中存在的“充电桩+充电服务”“充电

桩 + 商品零售 + 服务消费”“充电网络 + 分时租赁”“众筹建桩”“共享私人充电桩”“充电管理大数据”六种主流商业模式。

现有文献鲜有将 PPP 模式与充电基础设施相结合的研究。仅史乐峰等（2015）认为在充电基础设施运营过程即充电服务的提供过程中引入 PPP 模式是非常有效的，特别指出“电价和服务费用的定价”是该模式顺利运行的关键，认为按照充电成本定价，电动汽车的发展将难以为继，并利用公共定价理论、斯坦克尔伯格博弈理论以及情景分析方法指出充电服务定价与边际运营成本相关，政府应依据市场需求和边际运营成本相机调整定价规制，此外，成本倒逼也会影响 PPP 模式下充电服务的定价。马晓明等（2016）通过开展问卷调查，搜集充电基础设施 PPP 项目相关方政府、社会资本投资方以及相关专家学者对风险评价的结果，将风险因素划分为系统风险和非系统性风险，同时，采用层次分析法建立风险评价模型并识别风险权重，通过构建马科维茨模型，确定投资方在充电基础设施项目中的风险权重，认为在此类项目中，非系统风险即信用风险、建造风险、运营风险以及市场风险在微观层面对项目运行的影响较大。杨彤等（2016）从政策支持的角度对充电基础设施 PPP 模式的财政环境构建进行分析，提出了财政直接投资、政府采购、财政补贴、相关税费减免以及预算安排方面的对策建议。

## 2.3　研究述评

政府和社会资本合作模式逐步受到多方的关注。通过文献梳理，我们发现，在政府和社会资本合作的基础性理论研究方面，学者们的研究绝大多数集中于概念阐述和模式介绍，大多仍停留在一般引进和介绍该模式运行流程的水平；虽然部分文献从宏观层面提出政府和社会资本合作模式有利于政府职能转变、减轻各级政府财政压力、缓解地方债务等机理，但囿于实践的基础资料较难获得，对政府和社会资本模式进行理论论证和量化评估的文献还很少；缺乏从经济学、管理学的角度，分析和阐释政府和社会资本合作模式应用的合理性、可行性和必要性。

首先，虽然关于政府和社会资本合作的内涵研究正日趋完善，但由于研究视角不同，依然存在一些问题：第一，由于各界人士对PPP概念的理解不尽相同，导致概念界定较为复杂。理论视角的不同，导致不同的研究间很难进行整合比较，致使当前研究领域缺乏统一的结论，特别是对PPP模式的界定。因此，相关术语的含义还需进一步明确，避免因为理解不一致而引发争议，以利于PPP模式在我国的健康发展。第二，在对政府方的研究中，缺少对参与具体PPP项目中各级政府间关系的研究和梳理，毕竟每个PPP项目提供公共品的外部性补偿各有不同、涉及的政府管理层级也不尽相同，需要分层考虑各级政府的责权利及相互关系。第三，对PPP项目社会资本方的研究较少，界定模糊，需要结合具体问题有针对性地分析参与项目的社会资本应该注意什么，从哪些角度去完善。第四，在政府和社会资本合作关系中，还有很多参与主体会影响PPP项目的展开，如公众、社会中介机构等都会影响项目的进展，而目前的研究中对这部分群体所发挥的作用关注较少。

其次，通过本书对PPP模式分类的归纳以及对该模式的特点及应用范围的分析汇总，可以看出，经过多年的实践，PPP模式应用的广度和深度都有所加强，相关研究也渐成体系，大多涉及项目必要性和可行性分析以及相关政策建议等，也有一些研究对比分析不同行业采用 PPP 模式的交易结构和盈利模式的差异。但是对 PPP 模式研究的针对性不足，体制背景和制度禀赋以及实施动力均因国家或地区不同而存在差异，政策促进的保障机制研究不足。目前，理论界对充电基础设施 PPP 模式的专项研究较少，再加之我国 PPP 模式是在转轨经济的背景下进行，需要立足国情，借鉴其他合作领域相关文献的规制经验，为充电基础设施 PPP 模式的供给提供理论和方法的研究支持。

最后，本书认为，现有文献对 PPP 模式运行影响因素的阐释归纳大多通过访谈、调查问卷等方式收集数据，并在此基础上利用主成分分析、回归分析、结构方程等多种方式进行总结分析，其中，多数学者从正向关注政府和社会资本合作的影响因素，仅有少数学者从预防项目运行失败的角度，分析了导致政府和社会资本合作失败的影响因素。由于学者们大多基于不同的问题导向和研究视角归纳出不同的影响因素，导致整合研究结论较难，研究缺乏系统性和针对性，存在以下不足：一是已有研究多是通过访谈问卷的形式获取到政府和社会资本合作项目的影响因素，有一定的人为性，且问卷发放数量较少，影响结果的准确性；二是针对不同行业、不同阶段的 PPP 项目影响因素的可持续性研究没有得到相应的重视，只是笼统意义上的概览，针对性较差；三是对社会资本参与方即企业层面的探究较少，对其行为本质的动机推演及影响因素分析较为欠缺；四是目前对充电基础设施供给中政府和社会资本合作所涉重要影响因素缺乏提炼，而此类研究恰恰能有效促进政府和社会资本在充电基础设施供给中合作模式的规范运行并为之提供有针对性的政策建议，基于此，对该领域重要影响因素的探究有较大的空间。

与此同时，随着电动汽车的推广应用，充电基础设施的供给研究正逐渐增多，但囿于充电基础设施行业发展处于起步阶段，供给方式研究大多处于探索阶段，多属于初步的定性研究，专门研究充电基础设施 PPP 模式的文献相对较少，对该领域 PPP 模式建设运营中各参与主体和具体运行过程的研究呈现碎片化、分散化；虽然有一些政策建议方面的研究，但是由于系统性不够，合作间主要关系的梳理较为欠缺，相关研究还有待深入挖掘。对充电基础设施供给 PPP 模式供给重要影响因素的定量探索，不仅可以提高项目实施的成功率进而有效满足充电基础设施的供给，同时，还能够为其他类似 PPP 项目的运行及管控提供理论参考。

因此，本书的研究空间非常广阔，将通过对充电基础设施 PPP 模式供给的理论基础和现实基础的分析，结合实证研究探索影响该模式运行的重要因素，并梳理其博弈关系，提出规范充电基础设施领域 PPP 模式运行的政策建议。

## 2.4 本章小结

基于本书的研究目标和主要研究内容，本章首先对 PPP 模式的主要研究领域进行了回顾，包括参与主体、分类方式、特点、运行机制、应用领域以及影响因素等方面；其次从技术视角、规划布局以及供给方式三个方面梳理了文献对充电基础设施的研究；最后对上述文献梳理内容进行了分析述评，认为在现阶段展开对充电基础设施 PPP 模式供给影响因素的研究意义重大。

# 第3章　充电基础设施PPP模式供给的理论基础

为深入探讨充电基础设施PPP模式供给的内在机理，有必要对相关理论基础进行梳理。按照西方经济学的前提假设，资源是稀缺的，配置资源的主体为政府和市场。随着我国经济步入新常态，资源配置的方式也逐步由政府主导转为市场主导，然而，由于政府无效和市场失灵的情况不可避免，政府和市场的配合显得尤为必要。具体到充电设施的供给中，需要依据其属性，决定在其提供过程中政府和社会资本合作的宏观机理。本书以现阶段我国的经济发展从注重需求转为注重供给为背景，从现代经济管理学的角度围绕公共品理论、项目区分理论、公共品市场化供给的理论支持以及博弈相关理论展开分析。

## 3.1　公共品理论

公共品理论是公共经济学理论的基础，于19世纪80年代提出，20世纪30年代在英美等国传播，其地位日趋重要。公共品理论不仅包括公共物品的生产，也包括公共物品的提供。随着社会的进步，公共品的内涵和外延在不断变化。亚当·斯密曾在《国富论》指出，建设和维持公共事业及设施是政府的职责之一；萨缪尔森将公共品和私人品的概念区分开来，并给出明确的定义，即“每个人对这种产品的消费，都不会导致其他人对该产品消费的减少”，强调了公共品非排他性和非竞争性的特征。后来的学者也都延续萨缪尔森的思路，布坎南将物品区分为三类，私人物品、公共物品与混合物品（准公共物品）。公共品按照受益范围以及效用溢出程度，分为全球性公共品、全国性的公共品、地方性公共品以及社区性公共品。考虑到有些公共品的受益范围可能介于其间，还存在既非全国范围同等消费同等享用的区域性公共品等。

公共品是指具有公共消费性质的商品或服务，是公共部门提供用来满足社会公共需要的商品和服务，具有非排他性和非竞争性的特点，其中，非排他性又称为消费上的非排斥性，是指一个人在消费这类产品时，无法排除他人也同时消费这类产品，而且即使你不愿意消费这一产品，也没有办法排斥。主要表现在，公共商品在技术上不易排斥众多的受益者；在有些情况下，公共商品“排他性”消费在技术上是可能的，但却是不必要的；在另一些情况下，“排他”尽管是可能的也是必要的，但排他成本却过于昂贵，经济上不可行。当然，随着科学技术的发展，使某些公共商品排他成本大大降低，从而有可能使这些公共商品的非排他性消失。非竞争性是指该产品被提供出来以后，增加一个消费者不会减少任何一个人对该产品的消费数量和质量，其他人消费该产品的额外成本为零，即增加消费者的边际成本为零，包括边际生产成本为零和边际拥挤成本为零。其中，边际生产成本为零，即原有的消费者在已有的公共品数量下，新增加消费者引起该公共品的边际成本为零；边际拥挤成本为零是指在拥挤对于消费者来说是一种成本的时候，如果在一定的消费量以下，并不存在任何拥挤的现象，即可以认为边际拥挤成本为零。此外，公共物品对经济社会的发展具有很强的正外部性，“搭便车”的现象难以控制，仅依靠市场机制生产与提供是低效或无效的，无法达成帕累托最优。

根据产品是否具有非竞争性和非排他性，我们对产品作出如下分类：纯公共品、准公共品和私人品。其中，纯公共品是严格非竞争性和非排他性两个条件的产品。而满足部分条件的被称之为准公共品，包括消费上具有非竞争性，但是却可以轻易地做到排他的俱乐部产品和消费上具有竞争性，但是却无法有效地排他的公共资源。“共用性”是准公共品区别于私人物品的主要标准。雷诺兹认为具有外部性的私人物品也是准公共物品。准公共品是介于纯公共品和私人物品之间的，具有不纯粹的非排他性和非竞争性的公共品，它存在一个临界点，在该点附近，消费者的增加会引起成本的增加，拥挤会出现。对准公共品的提供收取费用是合理的，一方面，可以通过调节该类物品的需求量，改善公共品拥挤和使用过度的现象，提高资源配置效率；另一方面，将生产成本摊销在产品购买者身上，有助于实现该产品使用的效率。

充电基础设施为电动汽车提供用电服务，不仅是电力服务的基础设施，同时也是现代交通体系的基础设施，一方面，它兼具一定的非排他性和一定的非竞争性，如当供给给定时，会出现拥挤和竞争；另一方面，它具有消费的正外部性，因为利用电动汽车作为出行工具的消费者是亲环境的，随着能源和环境形势的日益严峻，选择电动汽车作为出行方式，本身在很大程度上对周围环境产生有利的影响，与公共利益密切相关，但是使用者自己却难以从中得到正向的补偿。同时，充电基础设施在使用过程中可能会产生人群集聚效应，对周边的商户或居民等带来不同的外部效应，如由于充电基础设施辐射和噪音的影响，也会产生负外部效应，对居住在周边的居民造成影响。另外，如果某些电动汽车的生产商为购买使用其产品提供免费的充电服务，那么该类基础设施又具有了有限的竞争性和局部的排他性。

通过分析表明，充电基础设施现阶段属于准公共品的范畴，具有公共物品和私人物品双重特征，具有需求的层次性和多样化，可能会导致市场的部分失灵，因此，单纯依靠市场中的社会资本很难有效提供，需要从现代公共管理理论探讨充电基础设施多元化供给模式，保证充电基础设施的公共利益有效实现和公平分配、提升社会福利的总水平。充电基础设施的供给需要借助政府的行政权力进行干预，如可以通过财政货币政策或者行政管制等手段对其进行管控。同样的，在该领域政府也可能失灵，市场的介入将有效弥补对应的不足，政府和市场在该领域的合作是准公共品的优化供给制度。此外，充电基础设施的准公共品特性不是一成不变的，随着经济、技术及文化和社会制度的发展，其特征和属性也在不断地变化，可能丧失部分特征，如家用私人充电桩可能在未来成为消费者更为理想的充电选择，公共领域的充电基础设施会逐步退出，丧失部分的自然垄断性和竞争性特征而蜕变为纯公共品或纯私人物品。

## 3.2 项目区分理论

项目区分理论是根据项目的属性决定项目的投资主体、运作模式、资金渠道及权益归属等，其核心是依据项目是否具备收费能力，将其分为纯公益项目、准经营性项目以及纯经营性项目。其中，纯公益项目的目的是获取社会效益，不通过收费等资金流入方式获取收益，政府享有权益，并通过财政资金支撑项目发展；准经营性项目是通过收费和资金流入等方式来获取利润且附带部分公益性的项目，但因其无法覆盖成本，达不到投资者的预期，容易引起资金供应链断裂，为此，政府部门通过税收等优惠政策或适当的补贴使项目获得一定利润，当各方面环境和条件改善时，再逐步取消补贴或优惠，使其成为纯经营性项目；纯经营性项目是指可以获取盈利的项目，由市场机制发挥作用，产品的供需决定其价格，投资运营的动机是追求利润最大化。不同类型的项目供给方式也迥然不同，如图 3－1 所示。纯公益项目没有收费机制及现金流入，该类项目完全依靠政府财政支持、由政府提供；准经营性项目虽然有收费机制和资金流入，但是制度不健全，投资成本回收难度较大，项目盈利能力不十分明显，需要政府和市场混合提供。此外，随着市场化程度、技术进步、收费机制的变化等，项目之间可以互相转化。

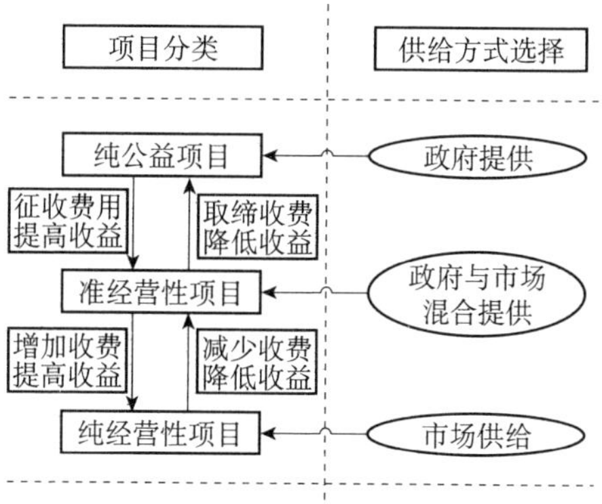


**图 3－1　项目经营性转变及供给方式选择模型**

项目区分理论是分清政府和市场两大投资主体在基础设施方面的职责、建立合理投资体制的关键。该理论可以使政府、企业各尽所能、各司其职，对效率和管理水平的提升有极大的作用，有利于集中发挥有限的财政资源，充分调节社会上的潜在力量，拓展投资空间。目前，充电基础设施具备准经营性项目的特征，供给方可以通过收取充电电费及相关服务费的方式获得收益，并且这部分收入稳定可靠，但是收益却不足以抵补为建设该基础设施所付出的成本，特别是现阶段仍处在电动汽车推广环节，强调较低的使用成本是其与传统燃油车竞争的重要优势，因此，使得充电环节成为整个价值网络中盈利能力较差的环节，需要政府加强对此类公共品的投资力度，维持运营，并且尽量保证在某一特定的区域范围内充电基础设施的唯一性，合理避免竞争，提高社会资本进入的意愿。

## 3.3 公共品市场化供给的理论支持

PPP 模式的形成与应用归因于新公共管理运动中以引入私人部门积极参与为核心的公共品供给市场化改革。市场经济运转的核心是供给与需求的合理配比，而对于充电基础设施 PPP 模式的供给主体来说，供给更是其中的核心。20 世纪 70 年代，经济学理论发展中凸显了以科斯为代表的新制度经济学派，他们抛开人与物关系的技术变革等影响，试图从人与人关系处理的制度视角提升供给的经济效率，降低整个社会制度的交易成本。此外，交易费用理论的产生以及产权理论的不断深化都对公共品的市场化供给产生了积极的影响。

充电基础设施的有效供给，不仅包括能够拉动有效需求、反映需求的关系和特征的实物产品供给，而且还包括提供机制的供给。充电基础设施的供给既要能满足公众的充电需求，还要能被市场吸收。从微观层面，就产品的供给而言，为了满足公众需求，需要不断地优化产品结构、提高服务水平，提升技术含量、改进经营管理等。从宏观层面，就制度供给而言，不仅包括多元化的投资主体结构等提供机制的安排，而且还包括投资、建设、经营管理等供给环节中的政策法律、管理手段措施等政府职能的供给。制度是经济发展和技术进步的基石，资本、土地、劳动力等生产要素只有在合理的制度安排下才能发挥功能。制度供给是实现产品供给的关键，能为产品的有效供给提供制度平台。

正是基于对新制度经济学的制度重要性的认识和理解，本书以实现充电基础设施的有效供给为目的，着重从机制供给及职能供给两个方面展开分析：首先是解决充电基础设施如何供给和由谁供给的问题，实现充电基础设施运营管理的有效性，而充电基础设施社会资本的介入是实现和推动供给格局优化的有效途径，因此，要分析社会资本介入充电基础设施供给的可行性和必要性。其次是解决在政府和社会资本合作供给方式下，政府角色界定或政府职能供给的有效性，即政府及其机构通过各种手段和配套方式实现政府管理，有效与高效地提供公共产品，也就是说，政府根据多元化供给格局形成中的职能需求，正确定位、建立某种合理的制度体系来保障合作的实现。在我国充电基础设施 PPP 模式的提供中，相应的政策安排也是极为重要的，因此，对相关政策建议的补充，将会规范该类产品的有效供给。

公共品市场化供给的另一理论支柱是委托代理理论，它是在交易双方信息不对称和利益冲突前提下，探讨委托人如何设计激励机制或最优契约激励代理人采取适当的行动，最大限度增进委托人利益的理论。委托代理理论是研究委托人和代理人之间建立的契约关系的理论，是解决公共品治理问题中最受青睐的理论基础之一，也是制度经济学契约理论的主要内容之一。其中的委托代理关系是一个或多个行为主体根据一种明示或隐含的契约，指定、雇佣另一些行为主体为其服务，同时授予后者一定的决策权利，并根据后者提供的服务数量和质量对其支付相应的报酬。授权者即委托人，被授权者即代理人。委托代理关系起源于“专业化”的存在，当存在“专业化”时就可能出现一种关系，在这种关系中，代理人由于相对优势而代表委托人行动。现代意义的委托代理的概念最早是由罗斯提出的：“如果当事人双方，其中代理人一方代表委托人一方的利益行使某些决策权，则代理关系就随之产生。”委托代理理论下，委托人和代理人之间的冲突主要有两方面：一是委托代理双方信息不对称；二是委托代理双方利益目标不一致。

充电基础设施供给中需要大量专业的相关企业提供设施建设，单凭政府恐难达成。特别是我国正处在转轨过程中，财政压力大、制度运行成本高，市场取向改革和对外开放，为市场机制的引入以及借助国际经验与国内外资金，降低交易费用和综合成本成为可能，因此，可以在该领域引入政府和社会资本的合作。从某种角度看，就是政府委托社会资本提供专业化的充电基础设施供给和服务，实现有效供给。此外，在委托代理过程中，交易参与主体所获信息具有差异性，有的参与主体能够因资源优势获得更有利的信息，而有的则因渠道限制，所获信息较少，这种对信息掌握程度的优势和劣势，就是信息不对称的问题。委托人对代理人的行为细节无法全盘掌控，而代理人为了追求利益最大化，更有可能实施机会主义的行为，所以，即使通过合同签订等方式形成了稳定的委托代理关系，在实际运行中也会面临诸多问题。需要交易双方立足契约关系，提高信息透明度，并设计出合理的激励机制、惩罚机制和利益分享、风险分担机制等。除信息不对称外，利益目标的不一致也是充电基础设施 PPP 模式委托代理关系中存在的问题。PPP 模式在充电基础设施领域的应用，会包含多重契约关系，交易费用论是 PPP 实践起点的切入点，该理论是指企业用于寻找交易对象、订立合同、执行交易、洽谈交易、监督交易等方面的费用与支出，主要由搜索成本、谈判成本、签约成本与监督成本构成。企业运用收购、兼并、重组等资本运营方式，可以将市场内部化，消除由于市场的不确定性所带来的风险，从而降低交易费用。从宏观层面，降低交易费用以及制度运行的费用，是委托代理契约关系期望达到的效果，其与交易费用论一脉相通，是一个问题的两面。

## 3.4 博弈论相关理论

博弈论，也被称为对策论，已成为经济管理及相关学科分析问题的标准工具之一。目前，理论界一般将博弈论定义如下：在特定的外部环境条件或者一些规则制度的制约下，组织（如政府、企业和各类社会团体等）根据其所掌握的各种资源和信息，同时或者先后，一次或者多次，从其可以选择的行为或策略范围内进行抉择并加以实施，进而从中得到不同结果或者受益的过程。一般而言，博弈论涵盖了参与主体、博弈规则、行动组合、信息、策略、结果、均衡等各类要素。这其中，所涉及的基本要素包括参与主体、战略和支付，这也是组成一个博弈过程的基本要求；其他的要素，如行动和信息，是博弈过程中的桥梁；另外，参与主体、结果和行动则通常被称为博弈规则。

博弈论中所涉及的主要概念有：（1）参与人（player），又称为博弈方，通常指在博弈过程中可以单独进行决策，可以单独承担后果，以达到自身利益最大化为目标的行为主体。参与人既可以是个体，也可以是组织。（2）行为（action），指的是所有参与主体可能采用的策略或行动的集合。在多个参与主体的博弈中，各个参与主体的有序集合通常被称为“行动组合”。其中，行动的顺序是一个非常核心的概念，其对于后面博弈过程的分析及其结果有着非常重要的影响。静态博弈和动态博弈相比，最主要的区别就在于参与主体行为实施的前后顺序，也即行动顺序。即使多个参与主体所能选择的行动组合是一致的，只要参与主体之间的行动在时间点上有前后顺序之分，那么每个参与主体都会根据率先行动的主体修改自己的策略，然后再做出其认为最佳的选择。（3）信息（information），是指参与主体在博弈过程中根据其所掌握的对决策有用的知识，特别是在博弈过程中其他参与主体的具体情况。在博弈过程中，信息是一个非常重要的变量，信息的内容和结构如果发生了变化，那么博弈的结果也将随之改变。举例来说，在日常生活中人们在各类社会活动中都经常签订合同，此举就是为了防止信息（合同内容）变化而带来的利益损失。（4）策略（strategies），又称为战略，是参与主体可供选择的所有全部行为或策略的集合，其指定不同的时间段，参与人应选择何种行为。换句话说，策略就是各个博弈参与主体的行动方案总和。根据策略集合的有限与否，可以将博弈分为有限博弈和无限博弈。（5）支付，是博弈过程中各参与主体最为关注的东西，其具体指各参与主体在做出不同决定过程中的得失。在博弈论中，其表现形式多种多样，可以为某个参与主体在某一行动策略下的效用值，也可以为参与主体期望获得的效用水平。（6）结果，是指能引起各参与主体兴趣的要素集合，例如选定的行动方案、能够得到的相关利益、获得策略的路径等。（7）均衡，可以解释为所有参与主体的最佳行动或策略组合，也可以理解为某个参与主体的全部可能战略中最大支付的战略。

博弈论从本质上来说是用来研究具有斗争或竞争等类似性

质现象的方法和理论，其核心是各参与主体在相互影响、相互竞争和相互依赖等共生环境下，所做出的选择行为，以及在这一过程中所产生的均衡解。相互影响、相互竞争和相互依赖，从字面上来理解，就是在博弈过程中，任何一个或者几个参与主体的决策及行为实施都会受到其他参与主体的影响。同时，如果他们的自身行为发生变化，也会反过来影响其他主体。正是在这种共存竞争的环境下，每一个参与主体的决策或者行为都会影响最终博弈结果的形成，没有任何一方能够完全决定所要发生的事情，也没有任何一方能够在博弈过程中处于独立状态。

在博弈过程中，各参与主体之间的相互影响、相互竞争和相互依赖可以使得各主体之间产生合作关系，也可能因为各自的私人利益产生竞争关系。按照参与主体是否合作，博弈可以分为合作博弈和非合作博弈。两者的区别在于相互作用的主体之间的行为是否为合作关系。合作博弈主要关注的是群体理性，也即从一个整体的视角来分析参与主体的策略选择，目的是使得整体的效用最大化。非合作博弈重点关注个体理性，也即各参与主体在受到其他主体行为或策略影响时，在考虑其他参与人策略的情况下所采取的策略，以使得自身的效用最大化。合作博弈是比较基础的博弈，而非合作博弈则是日常生活中经常发生的。根据各参与主体的行为在时间上发生的顺序不同，非合作博弈可以进一步分为静态博弈和动态博弈。静态博弈中的参与主体同时或先后进行行动，其中，后行动的参与主体对先行动的参与主体的情况不了解，缺乏相关信息。动态博弈中的参与主体有明确的先后行动顺序，而且后行动的参与主体会观察了解先行动主体的情况，在获取相关信息后制定其认为更有效的应对策略。此外，考虑到博弈过程中各参与主体收集信息的能力有差异，进而会导致他们掌握其他主体的信息存在差异，因而，博弈还可以分为完全信息博弈和不完全信息博弈。两者的主要区别在于博弈过程中各参与主体是否完全掌握其他参与主体的信息。综上，根据博弈行动的先后以及信息的完全和不完全来划分，将其两两组合，共有四种不同的博弈类型，它们分别是完全信息静态博弈、不完全信息静态博弈、完全信息动态博弈、不完全信息动态博弈，对应的均衡分别为纳什均衡、贝叶斯均衡、子博弈精炼纳什均衡、精炼贝叶斯纳什均衡。

传统的博弈理论基本采用了完全理性的假设，但是该假设在现实生活情境中难以实现，博弈结构很复杂。演化博弈应运而生，它是放松了完全理性的假设，在有限理性的假设下提出，为均衡的选择提供了不同的基础，认为博弈的参与主体交互模仿、学习、突变，更接近于事物运行的现实情境，促进了博弈理论在管理学领域的发展。

## 3.5 本章小结

本章回顾了相关理论，包括公共品理论、项目区分理论和新公共管理运动中公共品供给市场化的理论以及博弈理论，其中，简要说明了新制度经济学的制度供给以及委托代理和交易费用理论，并基于这些理论对本书的研究主题进行了理论分析，为后续的研究奠定理论基础。

# 第4章　充电基础设施PPP项目参与主体及现状

## 4.1　充电基础设施PPP项目参与主体

在电动汽车迅猛发展的背景下，充电基础设施的建设运管正成为一种新兴的产业，激发出各类资本的投资热情。充电基础设施建设涉及主体多，PPP模式下充电基础设施供给的参与方主要有政府、社会资本方和公众，如图4－1所示，其中，政府部门和社会资本方是核心参与主体。合作是PPP模式构建的核心，现阶段参与主体的目标差异较大，即使有交叉点，但各方在交叉点的努力程度和重视程度也各不相同，通过PPP模式的应用，使各方的目标体系最终交叉在一起，达到共赢。

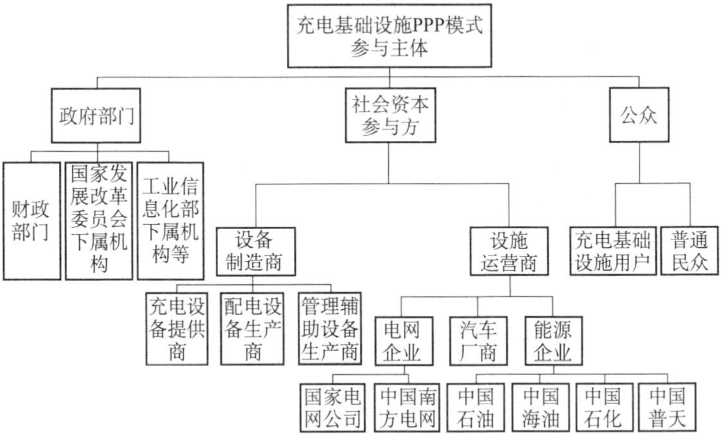


图4－1　充电基础设施PPP项目参与主体

政府在充电基础设施供给中的角色定位有两个：一是项目合作的利益相关方，在合作过程中满足宪法范围内为公众提供基本的充电公共品和公共服务的职能，即“运动员”，在参与项目过程中，与社会资本方和公众间存在以政治合法性为背景、宪法为框架的契约关系；二是外部环境监管者，即“裁判员”，对项目进行“物有所值”分析评价，即判断能否采用 PPP 模式代替政府传统投资运营方式提供公共服务项目的一种评价方法，两者主要在能否增加公共供给、优化风险分配、提高效率、促进政府职能转变、促进创新和公平竞争、化解地方债务等方面进行定性分析，并且依据全生命周期成本展开定量分析。“物有所值”最早起源于 20 世纪 90 年代的英国，是英国政府选择采购模式的重要原则，希望通过最优化利用资源以达到预期效果，该原则并非只要求实现最低的采购价格，而且强调节约、效率、效果。物有所值评价体系，是国际上普遍用于评价由政府传统采购方式提供的公共产品和服务是否可以采用 PPP 模式进行提供的一种评估体系。政府部门在选择应用 PPP 模式来进行项目建设时，不仅需要考虑引入社会资本是否可以提高公共产品产出效率或服务水平，还要考虑 PPP 模式是否比政府传统的采购模式具有更高的效率、质量以及服务水平。

物有所值评价通常有事先评价和事后评价，事先评价是用来决定是否能够采用 PPP 模式，事后评价是为了检验 PPP 模式是否真正实现了物有所值。在国际上普遍运用的物有所值评价体系中一般都包含定性评价与定量评价。其中，定性评价通常考虑的是难以用货币衡量的因素，如质量、资源利用、适用性、及时性、便利性、创新、竞争等，主要用于理性检查一个项目是否适合采用 PPP 模式。虽然国际上对物有所值定性评价的重要性有了一致认可，但是目前各国家和各地区还没有统一的评价框架和程序。

定性评价针对的是项目中难以量化或者货币化的关键影响因素，一般采用专家打分法、主成分分析法等方法汇集整理出一系列问题，来得出定性分析结论。在国外实践中，物有所值评价主要有两种做法：一种是以英国为代表的依据制定的定性评价问题清单逐项分析打分，然后综合判断；另一种是以加拿大为代表的对照制定的定性标准和评分方法，来评估和比较不同采购模式。定量评价是在项目个案基础上，通过比较 PPP 模式的总收益和总成本，选择出总成本低而总效益高的采购模式。一般考虑的是可以用货币量化的因素，如成本、价格等，是对项目全生命周期的支出或者成本进行估计，并采用一定的方法如现金流量折现法，得到项目价值，另外，对定性分析中识别的核心影响因素拆解出可以量化的指标进行项目调整价值分析。

目前，我国的物有所值评价的应用只在前期决策阶段，指标体系构建的主要依据是《关于印发政府和社会资本合作项目财政承受能力论证指引的通知》和《PPP 物有所值评价指引（试行）》等文件，以定性评价为主，定量评价为辅。其中，定性评价综合英国和加拿大的做法，采用对照制定的定性标准和评分方法评价是否适用 PPP 模式，具体指标包括全生命周期整合程度、风险识别与分配、绩效导向与鼓励创新、潜在竞争程度、政府机构能力、可融资性六项基本评价指标。

与此同时，政府还需进行财政承受能力的评价，即识别、测算 PPP 项目的财政支出责任，包括股权投资支出责任、运营补贴支出责任、风险承担支出责任（不可抗力和政策法律风险等）、配套投入支出责任（土地征收和整理、建设部分项目配套措施等），科学评估项目实施对当前及今后年度财政支出的影响，为 PPP 项目财政管理提供依据，这也是政府的职责所在，唯此才能从根本上在地方政府债务规模不断扩大的基础上缓解财政支出的压力和充分尽责地实施和谐社会管理。政府将承担主导合作方向、促进项目运行及监督管理的职能。此外，在充电基础设施供给中，政府出台了多项政策保障，这些政策将会影响社会资本方的合作选择。PPP 项目目前在我国有“先发展再规范”的趋势，参与主体由于信息不完全、寻租、政府规制体系自身的发展规律等制约着规制完善的进程。现阶段，政府参与充电基础设施 PPP 模式供给中，主要是地方政府或是相关政府部门或是政府授权的融资平台。政府在该类项目中参与者和监管者的职能有待科学分离。政府主体的相对优势是更具有全局严管，在规划设计方面和政策方面的组织力和保障力更强。

社会资本方作为充电基础设施 PPP 模式的参与主体，在选择参与与否的过程中，不仅受到社会资本方自身发展态势和行业影响力的制约，更取决于未来项目收益的多寡以及政府政策支持力度和公众的态度，其具有在管理方面“内生的”天然优势，会特别注重自己参与项目后如何能够取得投资回报。现阶段充分强调电动汽车较低的使用成本是其与传统燃油车竞争的重要优势，因此，使得充电环节成为整个价值网络中盈利能力较差的环节，再加之充电基础设施运营领域的商业模式还不成熟，基本依靠微薄的充电服务费和政府的补贴回收成本，多处于亏损状态。社会资本如果选择参与充电基础设施 PPP 项目建设，前提是要有资金、技术以及管理的投入，按照合同协议取得部分收益，这部分持续稳定的收益是社会资本方参与项目的根本，即利益最大化是其关注的重点。相比于直接投资提供或通过金融资本融资或众筹模式等参与充电基础设施建设的方式，PPP 模式更容易降低社会资本方的投资负担和风险，获取用地便利，而且易于打通合作方的充电支付方式，但是受政策的影响较大。

目前，我国存在国有企业、集体企业和私营企业等不同性质的社会资本，参与充电基础设施建设运营 PPP 项目的社会资本企业自身长短板不一，所发挥的作用也参差不齐。现阶段充电基础设施建设的主体以国有企业为主，特别在东部地区，国家电网、中国普天和南方电网依托电源和输配电优势正积极参与充电基础设施的布局。然而，随着中央有关部委连续出台 PPP 监管文件，特别是 2017 年 11 月国资委出台的《关于加强中央企业 PPP 业务风险管控的通知》，不仅对央企参与 PPP 项目实行了总量管控，而且还从严设定了 PPP 业务准入条件、规模和方向，可以预见，未来央企的参与度会下降。此外，一些新能源汽车厂商如北汽集团、比亚迪、奇瑞为了抢占市场，也提供桩机的配套。再者，充电基础设施设备生产商的商业模式已经非常成熟，青岛特锐德电气股份有限公司在充电桩的投建及上线运营数量均居全国第一，并且积极参与 PPP 项目。目前，社会资本方同质化现象较为严重、竞争较为激烈，利润空间被压缩，该产业有待进入整合阶段，但未来空间广阔，如富电科技打造了“充电设备制造 + 充电设施运营 + 汽车销售 + 分时租赁 + 其他增值服务”的充电生态圈并参与了北京首个光伏超级充电站的建设运营，资源整合能力、创新能力以及规模收益能力成为其参与建设的关键所在。

公众参与主体更多的是 PPP 模式服务的对象，一方面是电动汽车的拥有者，需要充电基础设施采用合理的方式积极配置，使其尽快享受到优质便捷的充电服务，缓解里程焦虑，未来还可以通过电动车的储能模式，利用峰谷电价差获取收益；另一方面，受益于充电基础设施的有序供给，电动汽车的用户将逐渐增多，对生态环境的优化有不可替代的作用，使公众的生活环境越来越美好。

## 4.2 PPP模式在充电基础设施项目中试点运行

随着充电基础设施投资窗口的打开、政府和社会资本合作示范项目的带动以及国家各层面刺激政策的密集释放，特别是2015年10月9日国务院办公厅出台《关于加快电动汽车充电基础设施建设的指导意见》，其中特别指出建议通过PPP创新管理方式建设运营公共服务领域的充电基础设施，现阶段各地根据自身条件通过PPP模式建设运营充电基础设施的项目已经启动。

目前，中国有两大权威PPP示范项目库，分别为财政部政府和社会资本合作中心的项目库以及国家发展改革委员会的项目库。截至2018年1月，财政部全国PPP综合信息平台项目库中涉及充电基础设施建设的PPP示范项目13项，如表4-1所示，分属于能源、交通运输和市政建设领域，项目均由政府发起、通过物有所值评价、财政承受能力论证且合作时间较长。财政部已公布的能源类示范项目中仅有17个，其中就有13个充电桩项目，这也说明能源领域中充电基础设施领域的合格市场主体数量相对充裕、牵绊少，便于政府按照PPP模式的要求建立和健全配套的价格政策、绩效标准及行业管理机制。

**表4-1　　财政部充电基础设施PPP示范项目**

| 序号 | 充电基础设施PPP项目名称 | 发起时间 | 拟合作期限 | 金额（万元） | 项目运作方式 | 回报机制 | 项目运行阶段 |
|---|---|---|---|---|---|---|---|
| 1 | 天津新能源汽车公共充电设施网络项目（财政部示范项目） | 2014-10-28 | 20年 | 51 600 | BOT | 可行性缺口补助 | 准备阶段 |
| 2 | 徐州市纯电动公交充电站项目 | 2015-03-01 | 15年 | 13 800 | BOT/TOT | 使用者付费 | 准备阶段 |

续表

| 序号 | 充电基础设施 PPP 项目名称 | 发起时间 | 拟合作期限 | 金额（万元） | 项目运作方式 | 回报机制 | 项目运行阶段 |
|---|---|---|---|---|---|---|---|
| 3 | 贵州省遵义市务川仡佬族苗族自治县新能源校车服务停车保养场充电桩工程 | 2015－10－01 | 15 年 | 5 000 | 其他 | 使用者付费 | 识别阶段 |
| 4 | 青海省西宁市电动汽车充电站建设项目 | 2016－01－01 | 30 年 | 5 000 | BOT | 使用者付费 | 识别阶段 |
| 5 | 新疆库尔勒纯电动汽车充电站（桩）建设项目 | 2015－11－17 | 30 年 | 30 000 | BOT | 使用者付费 | 准备阶段 |
| 6 | 邢台市充电基础设施项目 | 2015－05－01 | 30 年 | 15 300 | BOT | 可行性缺口补助 | 识别阶段 |
| 7 | 衡水市公交场站、充电桩及公交车辆 PPP 项目 | 2016－02－01 | 20 年 | 137 100 | BOT | 使用者付费 | 识别阶段 |
| 8 | 安庆市新能源电动汽车充电基础设施项目 | 2016－01－18 | 13 年 | 81 800 | 其他 | 可行性缺口补助 | 执行阶段 |
| 9 | 贵州省六盘水市六枝特区新能源电动汽车充电设施工程项目 | 2016－03－02 | 20 年 | 21 092 | 其他 | 可行性缺口补助 | 准备阶段 |
| 10 | 山东省菏泽市单县“e”电车和城市充电桩项目 | 2017－2－15 | 20 年 |  | BOT | 使用者付费 | 识别阶段 |
| 11 | 凯里市新能源汽车充电站建设项目 | 2015－03－18 | 20 年 | 10 400 | 其他 | 可行性缺口补助 | 执行阶段 |
| 12 | 新疆阜康市清洁能源电锅炉供暖和充电站 PPP 项目 | 2017－01－01 |  | 50 000 |  | 可行性缺口补助 | 识别阶段 |
| 13 | 和田市机动汽车充电基础设施建设项目 | 2015－09－12 | 30 年 | 5 500 | BOT | 使用者付费 | 识别阶段 |

资料来源：财政部政府和社会资本合作中心。

国家发展改革委员会组织建立了覆盖全国各类投资项目的在线审批监管平台，并且根据国务院常务会议明确的政府和社会资本合作部门职责分工，依托投资项目在线审批监管平台对已有的PPP项目库进行了完善，建立了全国统一的传统基础设施领域PPP项目库，其中涉及充电基础设施的项目44个，总投资145亿元，归属于能源、交通、电力以及市政领域，在发改委固定资产投资司PPP专栏下我们收集到10项示范项目，如表4－2所示。

**表4－2　　发改委充电基础设施PPP示范项目**

| 序号 | 项目名称 | 建设内容及规模 | 金额（万元） | 政府参与方式 | 操作模式 | 运行阶段 |
|---|---|---|---|---|---|---|
| 1 | 青海省西宁市、海南省电动汽车充电站建设项目 | 建设湟源、刚察、鸟岛、沙岛、倒淌河、黑马河电动汽车充电站 | 5 000 | 特许经营 | PPP | 准备阶段 |
| 2 | 兰州市油气充电综合服务站项目 | 加油气站内增设充电设备间及罩棚、安装充电桩、变压器及配套设施 | 23 000 | 特许经营 | BOO | 执行阶段 |
| 3 | 德令哈市城市公交系统改造项目 | 设计建设公交线路6条，起始车站6处，购置电动公交车60辆、配备充电基础设施 | 4 000 | 特许经营 | 其他 | 准备阶段 |
| 4 | 新疆兵团四师可克达拉市充电桩建设项目 | 充电桩、充电站、电动机及电池维护设备等 | 23 500 | 特许经营 | BOT | 准备阶段 |
| 5 | 云南红河州建水县电动汽车充电基础设施建设 | 电动汽车充电站11个，配置充电基、充电桩200台（套） | 18 000 | 特许经营 | BOT | 识别阶段 |

续表

| 序号 | 项目名称 | 建设内容及规模 | 金额（万元） | 政府参与方式 | 操作模式 | 运行阶段 |
|---|---|---|---|---|---|---|
| 6 | 云南红河州蒙自市新能源汽车充电站 | 火车站站前广场、尼苏小镇停车场等充电桩项目 | 11 500 | 股权合作 | BOT | 准备阶段 |
| 7 | 拉萨市新能源汽车推广应用工程 | 建设拉萨市公交车、出租车、公共用车、充电桩等电源站 | 160 000 | 特许经营 | 委托运营 | 执行阶段 |
| 8 | 金华武义新能源汽车充电站工程 | 新建充电站 4 个及至少 1 000 个充电桩 | 8 000 | 特许经营、财政补贴 | BOT | 准备阶段 |
| 9 | 常德市城市绿色电动车充电桩建设工程 | 建设充电桩 9 430 个 | 100 000 | 特许经营 | 其他 | 执行阶段 |
| 10 | 巴中市南江县城市道路及停车场充电设施 | 新建 5 500 个停车位，配套建设充电桩 | 38 000 | 股权合作 | BOT | 执行阶段 |

资料来源：国家发展改革委员会固定资产投资司。

通过分析，我们发现，财政部和发改委的示范项目中跨区统筹项目较少，采用的运作方式大多为传统的 BOT 方式，但由于发起时间晚，项目均尚处在识别和准备的前期阶段，后续大多数项目拟通过可行性缺口补助和使用者付费的方式取得投资回报，或将变相增加地方政府债务，示范带动作用有待进一步提升。另外，我们还发现，这些示范项目主要分布在我国中西部地区，东部地区的项目相对较少，这也为未来充电基础设施 PPP 项目的可行性示范区域提供了借鉴。

除上述示范库中的项目外，还有很多地区采用 PPP 模式提供充电基础设施，如北京石景山的光伏超级充电站就是北京首个引入 PPP 模式的光伏充电站；福建省首个 PPP 模式智能充电站于2016年初落户晋江；2017年5月，成都市新能源电动汽车充电系统网络项目采用BOT方式吸引社会资本方参与建设迄今为止全国最大的公交及社会车辆公共充电站项目，目前已进入执行阶段。在这一现实背景下，推动充电基础设施供给的PPP模式的规范管理研究成为当前亟待解决的重要议题。

## 4.3 充电基础设施PPP模式供给的案例研究

### 4.3.1 安庆市充电基础设施PPP项目

为了对现阶段充电基础设施PPP项目有更加全面深入的理解，本书选取安庆市新能源电动汽车充电基础设施PPP项目进行分析。该项目是我国首个地市级全区域覆盖的充电基础设施PPP项目，同时也是国家发改委、财政部PPP示范项目，具有典型性且处于同行业先进水平，研究价值大，借鉴意义强。

（1）项目实施背景。该项目的实施，是贯彻落实《国务院办公厅关于加快电动汽车充电基础设施建设的指导意见》和《安徽省人民政府办公厅关于加快电动汽车基础设施建设的实施意见》精神的重要举措。安庆市电动车产业集群优势明显，不仅引进江汽集团年产值100亿元的新能源汽车项目，而且与河北新宇宙电动车有限公司建成了安达尔电动客车生产线，同时还建设了新能源汽车产业园。该市已经把发展新能源汽车作为工业经济“弯道超越”的重要机遇，并且作为调整产业结构、推进转型升级的突破口。与此同时，积极推进电动汽车充电基础设施建设，并选择PPP模式作为提供手段，坚持适度超前、规模发展，通过市区先行、县市推广、乡镇带动来推动全域新能源汽车产业发展、改善城市市政设施、提升互联网智慧城市以及绿色发展的城市形象。

（2）项目基本情况。项目总投资 8.18 亿元，分两期建设，一期工程建设范围主要覆盖主城区 103 平方公里，包括大观区（含高新区）、迎江区、宜秀区和开发区。二期工程建设范围覆盖安庆市辖一市六县（桐城市、宿松县、怀宁县、潜山县、岳西县、太湖县、望江县），并逐步扩展至乡镇，到 2020 年，建设各类充电场站及公共充电桩近 2 万个。在满足电动车辆充电需求的同时，融入智慧城市建设，搭建电动公交、出租、乘用、物流、环卫、旅游观光车“六位一体”的新能源智能化城市充电服务平台。

（3）项目实施过程。安庆市充电基础设施 PPP 项目正严格按照财政部有关政策规范推进，目前已进入执行阶段，如图 4－2 所示，实施范围主要是一期工程，取得了良好的效果，比国内其他城市分块特许经营模式更具示范效应。

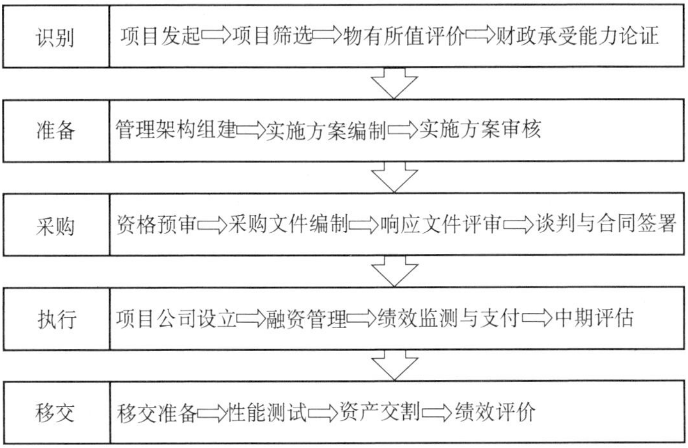


**图 4－2　安庆市充电基础设施 PPP 项目流程**

该项目在识别阶段通过了较为规范的物有所值定性评价和财政承受能力论证。安庆市充电基础设施 PPP 项目的物有所值评价主要从可行性、有益性和可实现性三个方面进行；采用专家打分法，聘请省内外充电基础设施相关行业、工程技术、项目管理、财务和法律方面的专家凭借自己的经验，为以上三方面的每项评价指标评价分值，具体指标如表 4-3 所示，主要包括全生命周期整合程度指标、风险识别与分配指标、绩效导向与鼓励创新指标、潜在竞争程度指标、政府机构能力指标、可融资性指标、补充评价指标。根据相关规则计算最终定性评价结果，判断目标项目是否适合 PPP 模式，且在此基础上展开财政承受能力论证。经测算，安庆市充电基础设施 PPP 项目在地方财政承受能力范围之内，且该项目为安庆市唯一一个充电基础设施 PPP 项目，不存在过于集中的现象，通过财政承受能力论证。

**表 4-3　安庆市充电服务基础设施 PPP 项目物有所值定性分析评价指标体系**

| 评价指标 | 权重（%） | 指标说明 |
|---|---|---|
| 全生命周期整合程度 | 15 | 考核在项目全生命周期内，项目设计、投融资、建造、运营和维护等环节能否实现长期、充分整合 |
| 风险识别与分配 | 15 | 在项目全生命周期内，各风险因素是否得到充分识别并在政府和社会资本之间进行合理分配 |
| 绩效导向与鼓励创新 | 15 | 是否建立以基础设施及公共服务供给数量、质量和效率为导向的绩效标准和监管机制，是否落实节能环保、支持本国产业等政府采购政策，能否鼓励社会资本创新 |
| 潜在竞争程度 | 15 | 项目对社会资本参与竞争的吸引力 |
| 政府机构能力 | 10 | 政府转变职能、优化服务、依法履约、行政监管和项目执行管理等能力 |
| 可融资性 | 10 | 项目的市场融资能力 |
| 补充评价指标 | 20 | 项目规模大小、预期使用寿命长短、主要固定资产种类、全生命周期成本测算准确性、运营收入增长潜力、行业示范性等 |

资料来源：安庆市城市管理局。

具体到项目实施方案即参与主体方面，政府出资方由国有控股的安庆市同安实业公司代表，社会资本方的确定是在经过充分的市场测试后，以竞争性磋商方式确定为新能源汽车充电行业的龙头企业——青岛特锐德电气股份有限公司（联合体牵头方）与合肥国轩特来电新能源有限公司（联合体成员单位）、安徽雄峰矿山装备有限公司（联合体成员单位）组成的联合体。特锐德公司认为该项目有利于公司积极参与和政府共建的 PPP 项目工程建设，其合同的履行将对公司未来经营工作及经营业绩产生积极的影响，但不影响公司经营的独立性。政府方和社会资本方共同投资组建项目公司，项目注册资本金占总投资的30%，其中，安庆市同安实业作为政府方出资代表占股比例为30%，社会资本占股比例为70%。项目公司具体负责资金筹集、工程建设和运营。项目联合体合作期限为13年，期满将项目设施完好、无偿地移交给政府方。项目公司在享有排他性经营权的同时须按规划和政府方指令履行普遍服务义务。

安庆市充电基础设施 PPP 项目采用区域特许经营的方式，通过“使用者付费（充电服务费）+可行性缺口补贴”方式获取项目投资及运营回报。合作期内，项目公司有权向公共充电基础设施用户收取电费、充电服务费，无法收回其投资及合理收益的，由政府方按照绩效考核结果支付可行性缺口补贴。电动汽车充电服务价格由“电费+充电服务费”组成。电费执行安徽省价格部门的电价政策。对向电网经营企业直接报装接电的经营性集中式充换电设施用电，执行大工业用电价格，2020年前免收基本电费。其他充电设施按其所在场所执行分类目录电价。党政机关、企事业单位自建并未向国家电网集中报装的充电设施用电执行“一般工商业及其他”类用电价格；居民住宅小区、执行居民电价的非居民用户中设置的充电设施用电，在居民合表用户电价基础上，每千瓦时平段上浮 0.03 元，低谷下浮 0.25 元。充电服务费实行政府指导价管理，其收费标准由市物价局制定，如表 4-4 所示。各充电设施经营企业可以在不高于规定的充电服务费基础上，自主确定充电服务费标准。同时，政府鼓励项目公司开展充电增值服务，并以市场化方式积极参与居民区及单位内部专用充电设施的投资、建设或运营维护，以及新能源汽车推广经营的相关业务，但政府方对该业务不提供可行性缺口补贴。按照 PPP 协议，由安庆市城管局、住建委、物价局、财政局联合根据《安庆市新能源电动汽车充电基础设施 PPP 项目建安工程和运营维护绩效考核办法的通知》对项目公司的年绩效考核，并依据市审计局工程审计结果和市财政局运维审计结果，进行按效付费。

**表 4-4　　安庆市充电服务费标准**

| 分类 | 充电服务价格（元/千瓦时） | 说明 |
|---|---|---|
| 经营性充电桩 | 0.60 | 集中向国家电网报装并执行大工业电价的充电设施 |
| | 0.50 | 未集中向国家电网报装并执行其所在场所分类目录电价的充电设施 |
| 专业性电动公交车充电站 | 0.40 | |
| 非经营性和非专业充电桩 | 暂免 | 党政机关、企事业单位自建、居民住宅小区等非经营性充电设施 |

资料来源：安庆市物价局。

截至 2017 年 12 月，安庆累计已投建 1 832 个充电桩终端，其中，城区 1 216 个，县/市 616 个。共有 90 个站点 1 385 个充电桩投入运营，其中，市区 61 个充电站 983 个充电桩已投入使用，县（市）29 个充电站 402 个充电桩已投入使用。此外，已建成安庆市新能源电动汽车充电智能网络服务平台，完成了线下充电终端、移动 app、充电管理、云端数据增值服务等大生态系统的布局，形成线下线上流量导引，实现远程数据实时监控、大数据统计分析等功能，规范统一，便于发现问题，监管调度简便易行，而且数据全、信息完整、有助于双方的合作，项目运转良好。

（4）项目运行影响因素。首先，安庆市对 PPP 模式的引入推广正分步有序实施，各类 PPP 示范项目多，不仅有传统的污水处理 PPP 项目，而且还有全国首例市政工程道路类纯公益性 PPP 项目入库，政府支持力度大，各方合作氛围比较浓厚，且已按照 PPP 模式的要求建立和健全配套的管理机制。例如，2014 年 12 月，安庆市人民政府办公室就成立了城市基础设施 PPP 试点工作领导小组，并在工作中严格按照国家和省级政府的相关要求执行；2018 年 1 月，安庆市财政局发布了《关于规范政府和社会资本合作（PPP）综合信息平台项目库管理的通知》等。各级发改、财政部门均依据各自职责建立 PPP 项目储备库，征集潜在的 PPP 项目，并组织各有关部门、行业专家对项目进行评审，择优发起项目，对在库项目和实施部门采取会商机制，每周与项目实施机构对接，了解项目进展，及早发现存在问题，共同商议解决办法，对难以在部门层级解决的问题，共同请示市政府分管领导协调解决。此外，对推进缓慢、政府付费比重较大、缺乏实质性运营内容和绩效考核机制的入库项目进行了退库处理。应该明确的是，政府在充电基础设施的供给方式选择上，处于极其重要的地位。

安庆市将 PPP 模式引入充电基础设施领域，是充分考虑该市的电动汽车行业地域特性，即短期内电动汽车充电设施行业存在需求不足的劣势，在市场前期，政府有必要承担起市场培育的风险，根据调研分析，当地政府的推动是项目顺利推进的主要因素。随着安庆市经济发展和城市功能的不断提升，当地政府尝试利用有限的一般公共预算支出撬动更多的社会资本参与城市基础设施建设和公共服务领域，充分发挥财政资金的杠杆作用，缓解项目资本金不足的矛盾，降低政府融资平台的资产负债率，使原先因资金不足而无法实施的项目得以进行，既缓解了安庆市财政支出的压力，又降低了政府投资的系统性风险，与预算改革和地方债改革相得益彰。此外，安庆市充电基础设施 PPP 模式运作的主管单位是该市的城市管理局，相关的配套管理也较为完善。

其次，安庆市充电基础设施 PPP 项目在发起时，由于政策、产业环境好，愿意参与的社会资本方多，特别是民营企业热情高涨，在对社会资本方的选择过程中，充分借用外脑、吸纳社会资本及技术专家的合理建议，采用了多轮竞争性磋商机制，确保市场沟通充分，通过磋商选择了相对合适和有实力完成项目的社会资本参与项目建设管理，为项目的最终完成奠定了坚实的基础。本项目社会资本的选择不仅关注资金实力，更注重技术实力和较全面的产业链（包括充电设备供应、施工和全国多地的运营业绩及经验），能够在建设硬件设施的同时同步搭建充电智能服务平台，以及市级平台与省级和国家级平台的沟通和连接，部分实现智能管理、全国联网，为充电基础设施在全国范围内的互联互通提供有效保障。社会资本方对项目未来盈利点的选择有较全面的规划，包括卖电、卖车、租车、大数据修车、电子支付金融等方面。此外，响应国家在重大领域鼓励民营资本投资的大胆尝试，选择中德合资的创业板上市公司牵头，在国家鼓励民间资本参与基础设施投资建设的背景下，本项目成功实施的示范意义更大、更值得期待。

最后，通过合同对 PPP 模式应用范围等重要边界条件进行了清晰的界定，即纳入政府和社会资本合作范围的仅是公共充电设施，将个人或单位专用的充电桩排除在项目公司的特许经营范围以外，明确了充电产品服务的具体内容和对象，针对性强。合作方案设计合理、程序合法规范，充分考虑了短期和长期的收益和风险，设定了 13 年的合理特许经营期限，并且建立了动态目标调整机制，对合作期内各年度的建设计划，遵循“车桩适体，适度超前，分期分批”的原则，对后期新增投资的审定原则及补贴标准都做了量化约定。项目合作突破了传统意义上政府和社会资本的分工边界，将政府对于电动车公共充电基础设施的规划、市场监督管理职能与社会资本的管理效率、技术创新有机地结合在一起，提高了安庆市充电基础设施充电服务的供给效率和运营质量，提高了资金的使用效率、缩短了建设周期，减少了项目延期带来的额外成本，实现了项目社会效益和社会资本经济效益的双赢。

在我国，充电基础设施的建设运营尚在起步阶段，政府对此类项目建设运营缺乏经验，政府单方面直接投资将承担较大的技术风险和运营风险。而由社会资本独立运营，一般会选择车流密度大的区域投资建设电动车充电站，无法确保在整个城市区域范围的均衡分布，此外，由于项目较为依赖新能源产业相关政策的扶持，对用地、电力管线接入等要求较高，社会资本对于政策风险、法律风险的承受能力较弱，导致建设运营规模难以扩大，无法形成规模效益。因此，引入具有专业技术和实际运营经验丰富的社会资本，可以将项目建设运营风险分配给社会资本为主体的项目公司，政府只承担更有把控能力的政策和法律风险。一方面实现了风险共担，保障项目公司的发展，形成规模效益；另一方面可以通过社会资本技术能力减少建设运营风险的发生概率，提供更为优质的充电服务。

通过对安庆市充电基础设施 PPP 项目的分析，我们发现，PPP 模式在该领域的实施是一个复杂灵活的过程，从合作环境的构建到政府政策的支持引导，以及社会资本的规范参与都需要各方共同努力，加大对管理创新、制度构建、合同规范、风险分配等因素的关注，从整体上把握 PPP 模式在充电基础设施领域运作的流程。项目顺利实施的背后，绝非偶然，应从细节上探讨先进做法，推动项目建设运营，进而推进安庆市新能源汽车的发展，促进节能减排，对建立资源节约型、环境友好型社会做出贡献。当然，目前项目运行中也还存在一些问题和需要进一步完善的地方，有必要深入思考，为其他的项目带来启示和帮助。

### 4.3.2 充电基础设施供给 PPP 模式框架

从试点、示范项目的运行实践中，通过演绎归纳法总结提炼出目前较为通用的充电基础设施 PPP 模式框架。凯恩斯于 1890 年出版的《政治经济学的范围与方法》从抽象、演绎、实证和伦理、现实、归纳两个角度分别论述了政治经济学的核心，从整体上把握了经济史和新古典经济学的关系以及演绎方法和归纳方法的经济学应用，认为演绎归纳法是一对辩证思维方法和工作方法，是基于两种思维方式来完成演绎推理和归纳推理。演绎思维，有时也叫“自上而下”法，是从一般到个别的思维方法，从一般性知识引出个别性知识，即从一般性前提得出特殊性结论的过程，其目的就是要从普遍性的原理中引申出关于个别事物的结论。归纳思维是由个别到一般的推理方法，其目的就是要从许多个别事实中概括出普遍性的结论或原理。两者是既相区别又相联系、既对立又统一。本书认为，在充电基础设施 PPP 模式供给的实践中，实际的归纳过程是由个别到普遍，由个别的经验事实首先上升到普遍性较低的结论，然后再上升到普遍性更高的结论。科学的归纳过程本身就是贯穿了分析和综合的过程，科学归纳方法本身也就包含了分析方法和综合方法。力图通过归纳现实运行的 PPP 项目来总结出充电基础设施 PPP 项目的一般模式。

一方面，以横向空间静态视角归纳出目前充电基础设施 PPP 模式供给的参与主体框架，如图 4－3 所示。我们认为，政府方和社会资本方是 PPP 模式参与的两大主体，其中，政府方通过权、责、利的划分确定由具体的某层级的政府以及某个政府机构负责与社会资本的直接合作，其职责是制定相应的政策框架、服务标准以及建立公平合理的合作体系并监督项目的具体运行；其目标是增加或提高充电基础设施服务水平和质量，保障公共利益。而社会资本方作为充电基础设施 PPP 项目的参与主体，主要由电网公司、电动汽车制造商、电池制造商、石油石化企业、物业公司等单独参与或以联合体的形式参与，其职责是提供资金、技术、科学管理以及优化资源配置；其目标是获取项目

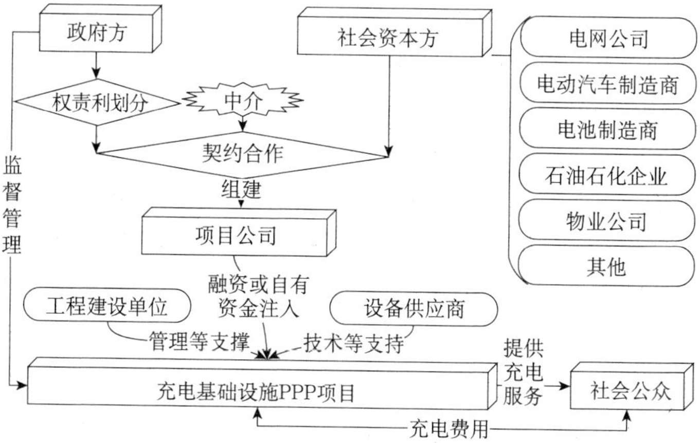


**图 4－3　充电基础设施 PPP 模式的静态框架**

有效回报，增加市场份额或占有量。政府方和社会资本方借助中介的力量更好地建立契约合作伙伴关系，组建项目公司，通过规范化的公司运行，进而为社会公众提供充电服务并收取一定的充电服务费用。为了使政府方和社会资本方有较好的合作，本书将展开合作影响因素的分析，并通过博弈分析两者之间的关系，给出针对性的政策建议，力求合作更加有效。

另一方面，从纵向时间动态角度归纳出充电基础设施PPP项目的全生命周期的运行程序及可能影响项目运作的部分内外部因素，如图4－4所示。PPP项目的全生命周期是指项目从发起、识别、筛选、准备、设计、融资、建造、运营、维护至终止移交的完整周期，在该周期内，政府方、社会资本方、项目公司等在有限的资源约束下，运用系统的观点、方法和理论，对项目涉及的全部环节和工作进行有效的管理，即从项目发起开始到项目结束的全过程进行计划、组织、指挥、协调、控制和评价，目的是实现公众利益最大化（政府方目标）和获得合理回报（社会资本方目标），主要包括项目准备环节、招投标合同签订环节、项目建设运营环节以及最终的移交退出环节。其中，准备环节需要进行具体项目的可研报告分析并完成存量资产评估，编制初步实施方案、财务分析报告，报财政等主管部门审核，在此基础上开展物有所值评价，并编制财政承受能力论证报告，组织专业人士评审，若通过，即可编制实施方案，并报政府审核备案，将政府支出责任纳入一般公共预算，向社会公布。在项目动态运行中，会有多种因素共同影响合作的顺利进行，如市场需求、政府导向、竞争机制、人才库建设以及项目风险管理、收益分配、定价管理、体制创新、技术创新、学习机制等因素。

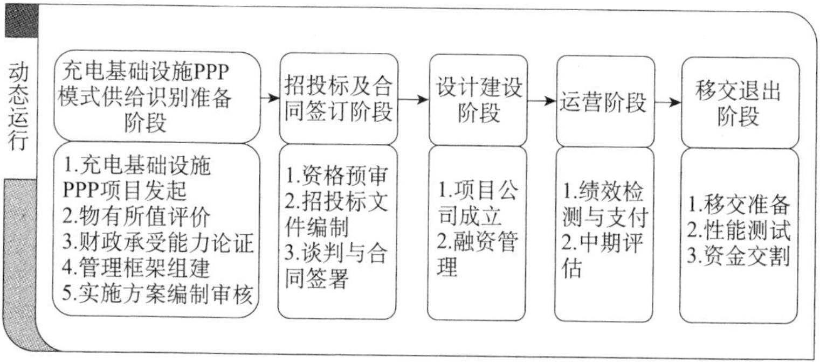


**图 4-4　充电基础设施 PPP 模式的动态运行流程**

目前，在充电基础设施合作模式的搭建以及项目合作过程全生命周期的管理上还缺少经验的积累。随着电动汽车产业的逐步成熟，市场的驱动作用以及资源配置的基础作用将更显著，为了使各参与主体的合作关系更加融洽以及各运行环节的衔接更加流畅，本书将深入探究影响充电基础设施 PPP 模式供给的因素，使充电基础设施政府和社会资本模式能够有效运作，保障项目运行机制顺畅实施。

## 4.4　本章小结

本章从识别我国充电基础设施 PPP 模式参与主体出发，结合 PPP 模式在充电基础设施供给试点的现状，发现跨区统筹项目较少，项目多采用传统的 BOT 方式运作，项目均尚处在识别和准备的前期阶段，且大量示范项目主要分布在我国中西部地区，东部地区的项目相对较少。本章通过引入安庆市充电基础设施 PPP 典型示范项目进行案例分析，从合作环境的构建到政府政策的支持引导，以及社会资本的规范参与等方面梳理了其中的主要影响因素，为后续展开影响因素的深入探讨提供现实基础。同时，还结合试点、示范 PPP 项目的实践，通过演绎归纳法总结提炼出 PPP 模式在充电基础设施领域的静态框架和动态流程。PPP 模式在充电基础设施领域的推广应用，要结合具体区域的发展状况，脱离过往实践和经验的充电基础设施 PPP 模式在现实落地过程中可能冲撞市场秩序。

# 第5章 充电基础设施PPP模式供给影响因素的质性分析

## 5.1 质性研究设计

质性研究是在不受研究者干扰和操控的自然情境下以研究者本人为工具进行探索分析社会现象的过程，仔细观察、主动访谈、认真倾听等各种开放式的方法是质性研究者收集所需信息的主要方法。在此基础上，研究者基于一定的实证和经验分析收集各类型资料、用文字描述客观现象、挖掘其背后隐藏的深层次原因和重要意义并形成相关的理论假设。

充电基础设施 PPP 模式供给虽然在实践领域已经起步，但在理论界还是一个较新的范畴，关注度较低且目前还缺乏成熟的研究。本书旨在探索影响充电基础设施 PPP 模式的因素，为该模式在我国的顺利运行提供理论基础。因此，对于影响因素的区分鉴别，首先采用质性研究的方法，其次采用问卷等量化研究的方式进行检验。

### 5.1.1 收集资料

收集资料是质性研究的首要过程。本书通过对充电基础设施 PPP 模式供给参与主体的深度访谈获取一手质性研究的资料，在访谈对象的选择上，本着谨慎、有代表性、专业性的原则，访谈对象要对充电基础设施 PPP 模式供给有较为权威的认识和理解，且数量越多越好。在深入访谈前，先对典型充电基础设施 PPP 项目进行了实地案例调研，如全国首个地市级全区域充电基础设施 PPP 项目即安庆市新能源电动汽车充电基础设施 PPP 项目，通过对此项目的现场调研，在各方专家的讲解下了解该项目涉及的参与主体、操作模式和运行阶段，并参观了现阶段已经布局的充电站桩，对项目合作运行有了一个具体清晰直观的把握。

在此基础上，本书将访谈对象限定在正在参与或是可能参与充电基础设施 PPP 模式供给的参与方，分别由政府方的代表、社会资本方的代表和公众代表以及重点研究该领域运作的科研院所的专家组成。其中，政府方的代表，我们通过对财政部、国家发展改革委员会 PPP 项目专家库的筛选，选择出充电基础设施、交通、能源以及市政建设领域的政府部门专家以及正在试点示范实施充电基础设施 PPP 项目建设的地方政府部门的负责人，随机抽样进行深度访谈；社会资本方的代表，我们以试点示范项目的社会资本方和有意进入该领域的社会资本方为对象代表，随机抽样进行深度访谈；公众代表，我们通过在充电站场等充电基础设施附近蹲点选择一部分设施的使用者和有主见且信息量大的中青年个体进行深度访谈。访谈对象的数量限定在以新抽取的样本不再提及重要新信息，即按照理论饱和原则来确定。本书最终选择了 36 个不同类型的对象进行深入访谈，访谈对象构成信息如表 5 - 1 所示。

**表 5 - 1　　访谈对象构成信息**

| 分类 | | 人数 | 比例 |
|---|---|---|---|
| 性别 | 男 | 22 | 61.1% |
| | 女 | 14 | 38.9% |
| 身份 | 政府方代表 | 15 | 41.6% |
| | 社会资本方代表 | 10 | 27.8% |
| | 公众代表 | 5 | 13.9% |
| | 学术专家 | 6 | 16.7% |
| 访谈类型 | 面对面访谈 | 13 | 36.1% |
| | 网络电话在线访谈 | 23 | 63.9% |

续表

| 分类 | | 人数 | 比例 |
|---|---|---|---|
| 访谈对象工作单位名称 | 政府方代表：安庆市城市管理局、北京市发展和改革委员会、山东菏泽发展和改革委员会、河南省财政厅、安徽省财政厅、贵州省发展和改革委员会、云南省红河州财政局、河北邢台市发展和改革委员会、可克达拉市政府、新疆维吾尔自治区发展和改革委员会、浙江金华市人民政府、湖南常德市财政局、四川巴中市城市管理局、青海省西宁市财政局、贵州六盘水六枝特区区政府 | | |
| | 社会资本方代表：国家电网、中国石油兰州分公司、北京动力源科技股份有限公司、中国泰坦能源技术集团有限公司、青岛特锐德电气股份有限公司、上海富电科技、万马联合控股集团有限公司、杭州中恒电气股份有限公司、深圳奥特迅电力设备股份有限公司、拉萨平桥投资管理有限公司、江苏现代资产投资管理顾问有限公司 | | |
| | 学术专家：中国人民大学、中央财经大学、上海财经大学、东北财经大学、中南财经政法大学、江苏省社会科学院 | | |

上述深度访谈均由本书作者独立完成，部分采用面对面访谈，部分采用网络电话在线访谈。其中，面对面访谈更加直观感性，可以根据受访者的表情、肢体语言感受到对各个影响因素的重视程度，在此过程中，建立在受访者同意的基础上，对部分访谈过程进行了录音处理，并对录音文件及时转化为文字进行系统的分析整理，为了有效沟通的需要，其余的面对面访谈仅以关键词的方式记录了访谈对象对充电基础设施PPP模式供给影响因素的认识。网络电话在线访谈的方式更加高效便捷且成本较低，事前发函联系访谈者的过程中，对方已对要访谈的主题有一定的了解，在线回答问题的时候有更强的逻辑性和侧重点。访谈围绕影响充电基础设施PPP模式供给的因素展开，具体开放式深入访谈提纲设计，如表5-2所示，为了获取详尽的信息，访谈的时间长度在30~50分钟之间，在访谈的过程中会根据实时情况进行适度的调整和追问，保证得到有价值的资料。

表 5-2　开放式访谈提纲

| 主题 | 主要内容 |
|---|---|
| 充电基础设施供给的责任方 | 您认为现阶段我国的充电基础设施应该由谁生产，由谁提供 |
| 该模式运转的实际情况 | 您认为 PPP 模式是现阶段提供充电基础设施的首推模式么<br>您参与的充电基础设施 PPP 项目，现在进行到什么阶段，运转如何 |
| 影响充电基础设施 PPP 模式供给的因素 | 您觉得哪些因素可能影响充电基础设施 PPP 模式的供给<br>对这个影响因素，您能再深入地谈一谈么<br>您觉得影响充电基础设施 PPP 模式有效运作的障碍有哪些<br>您认为 PPP 模式在充电基础设施领域的应用推广，还需要哪些努力 |

## 5.1.2　基于扎根理论的资料分析

对于充电基础设施 PPP 模式供给的认识和影响因素的辨析，目前国内外还缺少较为完善的成熟量表，为了有效辨别相关影响因素并突出重要影响因素的重要性，本书遵循格拉瑟和施特劳斯（Glasser & Strauss，1967）提出的扎根理论范式，即：首先对已经收集到的文字资料进行分析归纳进行开放式编码（open coding）；其次进行主轴编码（axial coding）和选择性编码（selective coding），通过编码过程对既有资料概念范畴化，提炼筛选出具体的影响因素；最后通过建立概念范畴之间的联系来完成概念模型的构建，形成理论框架。在对深度访谈记录进行整理后，形成了约 3 万字的文字资料。按照该扎根理论的范式，随机选取 2/3（24 份）访谈记录进行编码分析，剩余的 1/3（12 份）进行扎根理论饱和度检验。此外，为了提高编码的客观性和科学性、避免个人偏见对编码结果的影响，本书在编码时采用个人编码和专家咨询相结合的方法。

（1）开放式编码阶段。开放式编码阶段，是扎根理论实践的第一阶段，在该阶段，通过对原始访谈记录资料的梳理和整合，删去修饰性的词汇和啰唆的语句，对有效的资料进行译码，并提供概念化的标签。本书在访谈记录的基础上进行持续逐级反复比较分析，并剔除相互矛盾的概念得出较为丰富的概念，在此基础上，对其进行范畴化，整理后的结果即为充电基础设施PPP模式供给的影响因素，如表5－3所示，由于考虑到篇幅内容所限，本书仅选择性地列出有代表性的部分原始语句。

**表5－3　开放式编码过程及结果**

| 原始资料语句 | 概念范畴 |
| --- | --- |
| R02 经济运行的状况很重要，特别是用PPP模式，要考虑当地的经济财政情况，现在国家对PPP项目的总额有限制，不得超过地方财政的一定比例，所以当地的经济运行较为重要 | 宏观经济运行 |
| R04 前几年市场经济下推进比较难，国家“十三五”规划出台后，按照当前的经济形势，政府和社会资本合作的必要性大了，而且社会资本参与基础设施建设的热情高涨 | |
| R15 西部市场不景气，因此需要政府的刺激，适用的领域和区域需要考虑，比如GDP的规模在什么水平的可以做，什么规模不能做 | |
| R22 北上广市场经济已经开始，经济运行好，民营经济已经进入，而二三线城市的经济条件较差，需要政府和社会资本的深度合作 | |
| R32 要回归经济运行的本质 | |
| R08 目前合同已经签了，框架协议也已经完善，但是只有一部分开始建设，基本符合市场需求 | 充电基础设施的市场需求 |
| R17 公共区域能够满足新能源汽车保有量的需求，市场需求不足，推广有待完善 | |
| R22 充电基础设施项目应该是细水长流型，哪里有需求我就建在那儿 | |
| R31 从新能源这个清洁能源的角度看，汽车性能如果能够提升，产品好的话，自然就有需求，相应的充电需求也会增加 | |
| R33 上海市所有机关政府的新能源车和充电桩趋于饱和，质保期后才会有新的需求 | |

续表

| 原始资料语句 | 概念范畴 |
| --- | --- |
| R01 项目方案的可行性分析要做在前头，要保证此类项目的收益，盈利不暴力 | 充电基础设施项目经济可行性 |
| R07 前几年整个行业能够盈利的较少，我们需要大家看到这个行业能够良性发展，特别是充电基础设施的经济可持续性 | |
| R16 作为企业，我们要提前布局，抢占市场，经济收益是我们追求的目标，在和政府合作的过程中，项目的经济性也是合作的前提之一 | |
| R31 拉萨有特别的软环境，我们是不多的净土了，需要加强环境的保护，但也要考虑使用和推广电动的前景，只有经济收益有保障的项目才值得我们推广 | |
| R02 2016 年下半年开始逐步的市场化，社会资本的参与度高，盈利模式逐步多元化 | 多元化的商业运作模式 |
| R06 二三线城市区域对充电需求逐步增加，特别是公务车改革、公交车等领域，如果只靠民企，盈利模式不清晰，政府牵头很重要 | |
| R08 未来，新能源是主力，投资热潮来了，理性投资，盈利模式的多元化是根本 | |
| R31 多元化的商业运作模式可以保障项目的收益，便于政府在和社会资本合作的时候选择社会资本方，他们的综合实力很重要 | |
| R33 分时租赁是不错的商业模式 | |
| R02 社会资本方有时候资金不足，需要贷款，这时候金融市场的完善就比较重要 | 有效的金融市场 |
| R03PPP 基金的运作有利于整个项目的运转 | |
| R12 政府规划充电基础设施城市方案，运营保障方案，运营过程中产生矛盾纠纷的处理以及金融产品，保险产品的推广应用 | |
| R28 后续可以利用充电基础设施的充电卡等发展类似于共享单车等的金融产品服务，为金融资本服务 | |
| R11 目前充电基础设施完全市场化不足以提供回报 | 回报机制的选择 |
| R14 充电基础设施前两年是不停的投入，要看社会资本的实力，后续则是要看回报机制的设计 | |
| R21 充电基础设施的运营维护补贴要跟进，可行性缺口补贴的方式是不错的选择 | |
| R25PPP 项目总额不能超过一般公共预算，慎用政府付费，大力推广使用者付费 | |
| R36 使用者付费是个好方法 | |

续表

| 原始资料语句 | 概念范畴 |
|---|---|
| R02 在项目运行前期，电价和服务费的收取方式很重要 | 充电电价和服务费的定价机制 |
| R11 徐州物价局规定了充电服务费和充电电价，社会资本将来是要靠这些收费盈利的 | |
| R15 未来看车辆的增加，电价服务费怎么定，服务费能不能有提升，使项目有盈利的空间 | |
| R24 供电可以依托加油站等，收取合理的服务费 | |
| R07 政府不是为了挣钱，我们是为了推广电动车的使用，但是不得不考虑社会资本的收益，否则没有社会资本愿意合作 | 合理的收益分配 |
| R11 我们考虑更多的还是项目后期的盈利能力和周边产品服务的收益，现阶段保本运营即可 | |
| R18 干项目不就是为了收入么，政府和我们的收益分配比例在合同中就定好了，我们只要负责把项目做好 | |
| R21 收益分配必须考虑，盈利不暴力，但是政府不挣钱，社会资本也不会赔钱的，如果赔钱了，就需要缺口补助 | |
| R02 国家的战略决策很重要 | 政府的科学决策 |
| R06 政府和社会资本模式是必须的，前期决策机制很重要 | |
| R16 西部省份，面积大，仅依靠市场不可能做成功的，要有政府的完全引导和科学决策，促进 PPP 项目的落地 | |
| R24 在 PPP 项目前期，政府的决策以及方向的引领很重要 | |
| R02 比较相信政府，所以不关注政策是否能够延续 | 政府信用及政策的连续性 |
| R09 电动汽车按照国家发展改革委员会的文件在大力推进，其中很大程度上是因为政府的信用 | |
| R10 政府有信用担保，而且还给我们特许经营权，我们相信政府 | |
| R25 不相信政府相信谁啊，但是也怕换了领导政策就变了 | |
| R01 要靠国家的政策推广，但现在没有专门的部门来管理 | 政府管理体制 |
| R12 要加强考核管理机制 | |
| R21 政府的有效管理很重要 | |
| R26 现在发改委不管、财政局不管、交通局也不管，管理机制和管理部门混乱，建好了桩没验收 | |
| R02 在充分考虑激励机制的基础上，目前的投资人很多，比原来预期的效果好很多，如财政补贴等 | 政府激励机制 |
| R06 社会资本参与的热情高涨，主要考虑是政府现在对新能源市场的支持力度大 | |
| R12 政府的激励机制非常重要，地方补贴要抓紧落实，省一级落实了，市县一级还需加强 | |
| R13 合作实质上是激励，是对信誉的一个极大的提升 | |

续表

| 原始资料语句 | 概念范畴 |
|---|---|
| R21 税收优惠、财政补贴都是引导我们参与此类项目的因素，但本质上还是这个项目要有利可图 | 政府激励机制 |
| R26 奖惩并行，对于新能源汽车的所有者和充电基础设施的提供者，进行奖励，刚颁布的双积分政策将有利于电动汽车的推广等 | |
| R02 既然签订了合同，就得依法办事了 | 法律法规体系 |
| R04 政府地方政策的管理办法缺失，相关的法律法规还没有涉及到这个领域 | |
| R13 现在就是简单的合同签订，对大框架的 PPP 立法关注不多，但长期看，有法可依势在必行 | |
| R03 监管调度需要丰富的信息资料 | 政府监管能力 |
| R06 监管部门很无奈 | |
| R18 项目运行过程中，政府还需要当好裁判员，监督项目的正常运转 | |
| R09 我公司还有储能公司和绿色能源如太阳能，光伏产业等，保证了充电电源的绿色可持续，我们的管理能力在业内应该是数一数二的 | 社会资本参与方的项目管理能力 |
| R10 我们的运营经验以及资本实力是我们中标的前提保证 | |
| R16 在 PPP 项目中，对社会资本的要求还是挺高的，要保证项目的有效运营和获利 | |
| R18 政府选择合作的社会资本方，不仅考虑资金实力、对管理、技术等方面也有各种要求 | |
| R03 我们的技术在业内口碑很好，整个充电系统甚至平台都能够提供，甚至为一个城市规划布点的技术也是有的 | 充电基础设施的相关技术 |
| R17 充电基础设施的运营并不是很复杂，技术难度也不是很大 | |
| R18 目前新能源汽车的技术还是不稳定，电池技术和配套的充电设施技术统一性不强 | |
| R19 我们在技术方面领先，自己本身在北上广已有多个充电站，政府了解后就会找到我们做，参与到 PPP 项目中 | |
| R25 只要有资金，技术什么的自然就跟上了，合作也会更顺畅 | |
| R33 无论是公共充电站还是企业自建充电桩，都出现因为接口不统一而导致资源浪费，技术过硬和标准一致是必须的 | |
| R12 产品后续充电服务要跟上 | 充电服务质量 |
| R19 服务老百姓，质量是根本 | |
| R22 充电基础设施的服务能力会趋于稳定 | |
| R31 缓解消费者的里程焦虑，合理布局充电网点，简化充电流程是我们一直努力的方向 | |

续表

| 原始资料语句 | 概念范畴 |
|---|---|
| R05 特许经营的模式可以调动社会资本方的积极性，但是也不能搞垄断经营，只能是在公共资源领域 | PPP 模式的供给方式选择 |
| R09 给社会资本特定的特许经营权，让他们布局公共区域的公用充电桩 | |
| R11 政府的 PPP 模式还停留在 BT 等传统意义政府采购方式上，合作的意愿有待加强 | |
| R16 我们现在运用的是 BOOT 模式，20 年期，科技日新月异，充电桩的回收没意义，主要是现在的使用 | |
| R01 虽然现阶段 PPP 模式下的充电基础设施主要服务于公交车等，但是充电基础设施最终是服务于大众的，用户的反馈是提供的根本。服务的品质是未来关注的重点 | 最终用户的反馈及驱动 |
| R16 项目已经投产，用户的需求满足度较大 | |
| R18 目前针对的用户主要是电动出租车群体，利用率高，空置率低 | |
| R30 我们当时是根据政府要求来做的，现在用户较少，刚开始建的时候谁也不知道有没有用户，当时号召充电桩先行的，只是感觉这是个趋势 | |
| R01 合作环境的构筑是很必要的 | 良好的合作环境 |
| R16 契约精神不可或缺，合作是个体理性的表现，合作环境对项目开展运行的影响较大 | |
| R19 我们企业自己本身想发展这个业务，拓展业务领域，现在合作的环境好 | |
| R01 搭建能源互联网，促进双方更好的合作 | 互联网平台的支撑 |
| R03 网络通信基础设施在充电基础设施建设中也发挥重要作用 | |
| R04 安庆市充电基础设施网络平台已经建立，规范统一，便于监管、便于发现问题，监管调度简便易行，而且数据全，信息完整，有助于双方的合作 | |
| R24 网络 APP，使充电更容易，也使我们合作基础更好、更有效 | |
| R02 可以学习一下有经验的示范项目，从他们那里得到一些建议 | 专业人士的咨询帮助 |
| R03 有的专家对该领域比较了解，我们也曾经咨询过 | |
| R17 现在都是摸着石头过河，每个地方的区域特点不一样，没有可以比照的模式，大家都是摸索着前进 | |
| R33 经验很重要，特别是成功的经验 | |
| R01 小区里自己装，安全性不足，安全隐患大的 | 满足公众安全和健康及环境标准 |
| R08 电池爆炸，重大事故，如果自己搞，很不安全 | |
| R19 产品的安全性和后续的服务是我们关注的 | |
| R26 无线充电，短期难以实现，安全保障不能够实现，充电基础设施的建设很有必要 | |

续表

| 原始资料语句 | 概念范畴 |
| --- | --- |
| R09 社会公众的外部监督有利于此类项目的规范运行，公开透明的合作更有效 | 第三方监管力度 |
| R14 便于发现问题，监管调度 | |
| R19 外部的监督显得很无力，因为大多不了解项目的运行 | |

（2）主轴编码阶段。为了寻求各概念范畴之间的关系，按照扎根理论的流程，进行主轴编码，即二级编码。在该阶段，本书围绕开放性编码中得到的概念间的相互关系进行研究，并抽象出对应的“主轴”。首先，在对访谈资料进行编码的过程中可见，大部分受访者均表示经济发展速度、电动车普及推广的程度、充电基础设施的需求量等经济因素是影响政府和社会资本在该领域合作的主要因素之一；其次，在编码过程中可见，政府信用、政府治理、政府的激励政策等也是影响政府和社会资本在充电基础设施供给合作的因素；再次，产品服务的内部相关因素也是在编码过程中发现的影响因素之一；最后，在对访谈资料进行编码的过程中发现，多数受访者认为合作环境等社会环境因素也对政府和社会资本在该领域的合作有很大的影响。因此，本书抽象出上述四大范畴，具体主轴编码结果如表 5-4 所示。

**表 5-4　　主轴编码结果**

| 影响因素 | 范畴化 |
| --- | --- |
| 宏观经济运行<br>充电基础设施的市场需求<br>充电基础设施项目经济可行性<br>多元化的商业运作模式<br>有效的金融市场<br>回报机制的选择<br>充电电价和服务费的定价机制<br>合理的收益分配 | 经济影响因素 |

续表

| 影响因素 | 范畴化 |
| --- | --- |
| 政府科学决策<br>政府信用及政策连续性<br>政府管理体制<br>政府激励机制<br>法律法规体系<br>政府监管能力 | 政府治理影响因素 |
| 社会资本参与方的项目管理能力<br>充电基础设施相关技术<br>充电服务质量<br>供给合作方式的选择<br>最终用户的反馈及驱动 | 产品服务内部因素 |
| 良好的合作环境<br>互联网平台支撑<br>专业人士的帮助<br>满足公众安全和健康及环境的标准<br>第三方监管力度 | 社会文化环境因素 |

（3）选择性编码阶段。选择性编码是编码阶段进程中的第三级。该过程是在完成前面两阶段编码的基础上，进一步梳理、对接、比较各个范畴间关系的系统性分析。通过选择性编码，旨在从主范畴中区分不同范畴并挖掘出核心范畴，系统建立核心范畴与其他范畴之间的联结关系，将整个范畴发展完备。“充电基础设施PPP模式供给的影响因素”是本部分研究的核心范畴，以此为核心将主轴编码分为四大范畴。本书的主要目的是识别影响因素，通过深入挖掘，选择性编码后形成的各主范畴之间存在下列典型关系：经济影响因素是根本，即经济基础决定了上层建筑，该类影响因素部分决定政府治理方式的选择；政府治理影响因素是基础，影响经济发展的速度和效率，在此影响因素的作用下，产品服务内部因素得以提升，社会文化环境也更加和谐；产品服务内部因素是充电基础设施PPP模式服务的最终目的，是该模式应用的条件，也是经济因素、政府治

理因素的落脚点；社会文化环境因素是充电基础设施 PPP 模式供给的保障。

（4）理论饱和度检验阶段。按照扎根理论的流程，需要对编码的结果进行理论饱和度检验。该检验是鉴定在不额外获取访谈数据的基础上，是否可以停止采样的标准。本书运用随机抽取后预留的 1/3 访谈记录重复进行上述步骤，对比完成理论饱和度检验。结果显示，模型中的范畴已发展得足够清晰饱满，对于影响充电基础设施 PPP 模式供给的主范畴没有再发现新的范畴和关系。因此，我们认为本书前述对充电基础设施 PPP 模式供给影响因素的扎根分析在理论上已达到饱和。

## 5.2 质性研究结果

充电基础设施 PPP 模式供给过程复杂，不同阶段、不同参与主体对于合作供给的需求各不相同。明确合作过程中的影响因素对充电基础设施 PPP 模式供给的实施至关重要。由于文献研究对充电基础设施 PPP 模式供给影响因素的研究较少，在结合现有文献关于 PPP 模式供给影响因素研究的基础上，本书选取我国正在实施充电基础设施 PPP 项目的参与主体，采用扎根质性分析方法进行实践调查，筛选出充电基础设施 PPP 模式供给的影响因素，在深入访谈所得到的核心范畴和主范畴的基础上，根据文献综述部分的相关分析，对影响因素进行了补充，这些因素从不同的方向和程度影响着充电基础设施 PPP 模式的供给。基于此，本书构建了充电基础设施 PPP 模式供给影响因素的研究模型，其中，经济因素是根本，政府治理因素是基础，产品服务内部因素为合作的条件，社会文化环境因素则是保障，具体如图 5 -1 所示。最终的影响因素变量详细描述如下。

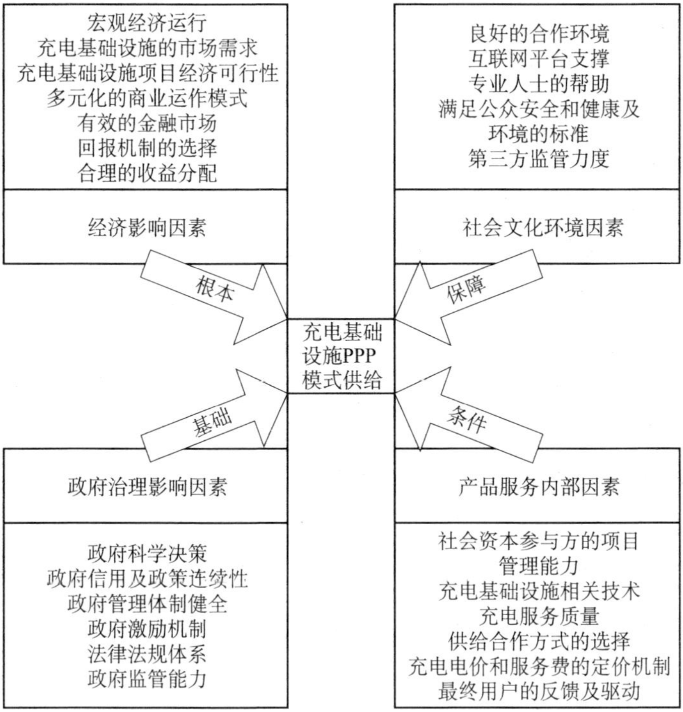


**图 5－1　充电基础设施 PPP 模式供给可能影响因素的理论模型框架**

### 5.2.1　充电基础设施 PPP 模式供给

通过政府公共部门与市场中社会资本的合作，共同出资参股或通过特许经营权等方式，组建项目公司并达成契约，在合作过程中参与方共同分担风险、分享利润，有效布局充电基础设施、提供优质的充电服务，满足电动汽车用户的需求，实现共赢，最终服务于我国新能源产业。该模式的供给将受制于多种影响因素的共同作用。

### 5.2.2 经济影响因素

经济影响因素主要是影响充电基础设施 PPP 模式供给的外部经济因素。

（1）宏观经济运行。宏观经济的运行即国民经济整体运行态势，包括 GDP 增长率、通货膨胀率、失业率以及国际收支平衡等经济大环境因素。如当前经济新常态下的经济增长速度从高速转向中高速，更加注重内涵式增长，发展方式也从原来重视规模速度转向重视质量效益，对于经济结构的调整更多的是对存量进行调整，而在经济发展动力方面已经逐步从要素投入到创新驱动。这些经济大环境、大背景会影响到行业的发展。比如在经济发达的省市，一方面，当地政府财力雄厚，政府直接通过政府采购就可以完成充电基础设施的提供，另一方面，此类地区市场经济较为活跃，社会资本实力雄厚且数量充足，现阶段很多充电基础基础设施完全可以单独通过市场主体来提供，政府公共部门只需监管即可，因此，当前在这些区域 PPP 模式的用武之地也较小。反之，在中西部等电动汽车产业发展上升地区，在公共资源范围内兴建充电基础设施，政府财政的适度支持显得尤为必要，政府“四两拨千斤”的杠杆带动作用将影响充电基础设施的供给，但是由于这些地方本身财政就较为困难，再加之国家对 PPP 项目的总额有所限制，所以当地的财政收支水平也会影响充电基础设施 PPP 模式的供给。

（2）充电基础设施的市场需求。电动汽车推广应用的数量和分布决定了为之提供动力的充电基础设施的数量和布局。在访谈中，几乎所有的受访专家都明确提出了电动汽车发展的未来决定了充电基础设施的发展，离开了电动汽车，充电基础设施变成为无本之木、无源之水，没有发展的动力。车桩一体化、车桩联动，共同构建良好的产业链是非常必要的。充电基础设施的市场需求层次影响其供给方式的选择。在市场需求不足的情况下，如何通过政府的引领，提前布局充电基础设施，缓解里程焦虑，增强公众购买电动汽车的信心；在需求大于供给的地区，如何更有效地提供充电基础设施，满足电动汽车的充电需求，形成良性产业循环。

（3）充电基础设施项目经济可行性。充电基础设施项目所需花费的成本和取得收益的比较，可通过成本效益法来确定。如果经济可行性极高，即收益在抵补成本费用后还有可观的利润，那么社会资本的参与热情会高涨，政府就没有介入的必要。然而，通过访谈资料的分析显示，现阶段更为普遍的情况是充电基础设施的收益较低，社会资本单独投资的热情较低，更需要政府的介入和引导。政府在参与项目的时候考虑更多的是社会效益，而社会资本考虑的是自身的收益有没有保障，在PPP模式下供给充电基础设施，经济可行性分析的影响必不可少，要确保此类项目有收益，并且盈利不暴力。

（4）多元化的商业运作模式。充电服务提供环节多元化的商业运作模式是社会资本参与充电基础设施PPP模式考虑的因素之一，通过分析访谈资料可见，盈利模式的多元化是社会资本投资的动力之一，如分时租赁、共享电动车、APP充电数据信息、云端数据增值服务等。

（5）有效的金融市场。在充电基础设施建设环节，对资金的需要量较大，特别是一些大型的充电站场，或是全区域的充电基础设施布局，单靠社会资本的自有资金不足以满足项目资金的需要，这时候金融市场的完善程度就比较重要。若是金融市场不完善，难以贷到款项，或者即便能贷到款，但成本高，仍需要和政府的合作，由财政承担部分成本，如财政补贴等，因此，有效的金融市场也影响政府和社会资本在充电基础设施供给中的合作。

（6）回报机制的选择。目前，PPP 模式的回报机制主要有使用者付费、可行性缺口补助、政府直接付费。通过对访谈资料的整理，对现阶段充电基础设施市场情况有初步的认知，认为目前大部分的充电基础设施的完全市场化不足以提供回报。仍需要考虑回报机制的设计，大部分访谈对象倾向于使用者付费这一模式，但也有专家认为可行性缺口补助是较为有效的方式。回报机制的选择将会影响充电基础设施 PPP 模式的供给。

（7）充电电价和服务费的定价机制。公共产品的定价机制主要有平均成本定价法、二部定价法以及负荷定价法等。充电电价和服务费的定价标准，是充电基础设施的内部因素，决定了社会资本方可能的盈利水平以及与政府合作的必要性。社会资本方“经济人”的属性决定了其参与提供充电基础设施首要关注的是利益，核心就是产品服务的价格。

（8）合理的收益分配。政府在提供充电基础设施的过程中考虑的并不是经济收益，而是为了推广电动车的使用获取的社会收益，但是现阶段在合作过程中不得不考虑社会资本在项目后期的盈利能力和周边产品服务的收益，唯有此，社会资本才愿意与政府合作共担风险、共同提供该类产品服务。

### 5.2.3 政府治理影响因素

政府治理是政府在一个既定的范围内运用权威维持社会秩序、满足公共需要的过程。

（1）政府科学决策。在充电基础设施建设的初期，国家层面的战略决策尤为重要，在该领域应用 PPP 模式，离不开前期的决策机制，在实践中，往往就是那些见效快的项目反而拖了发展的后腿，延误了大局。充电基础设施的建设需要提前优化布局、仅依靠市场力量较难成功，需要政府的引导和科学决策，增强社会资本投资的信心，促进 PPP 项目的落地发展。在此过程中，政府的意愿将对充电基础设施 PPP 模式建设运营产生重要的影响，也是公共部门和社会资本方合作的基础。目前，我国采取充电站（桩）适度先行的建设战略，全国共有 15 省 45 市出台了电动汽车充电基础设施规划。

（2）政府信用及政策连续性。政府信用是政府守约重诺的意愿、能力和行为，是社会信用体系的组成部分，反映了公众对政府的信任度，政策的延续性是政府信用的表现之一。当前，电动汽车产业按照国家发展改革委员会的文件在大力推进，很大程度上是因为政府的信用和相关政策的促进，因此，政府的信用水平以及相关政策的延续性将会影响该行业的发展，影响投资方式的选择，进而影响 PPP 模式的应用。

（3）政府管理体制健全。政府管理体制的健全主要指政府部门在机制设置、隶属关系、权责划分等方面的方法、体系、制度等组织规范。通过访谈，了解到目前我国很多区域在充电基础设施 PPP 模式供给中没有专门的管理部门，或者陷入多头管理，考核机制尚不完善，影响项目的有序推进。

（4）政府激励机制。社会资本在参与充电基础设施建设 PPP 项目中，初始投入高、不确定性风险较大、收益短期内不足以抵补成本，因而需要良好的政府外部激励机制和政策支持，营造良好的政策环境，主要通过财政补贴、税收优惠等方式达成。目前，国家级的相关激励政策已经陆续出台，但地方的配套落实还各有差异，这种政府外部激励体系的规范完善会影响到充电基础设施 PPP 项目的供给。

（5）法律法规体系健全。有效的法律法规体系是化解充电基础设施 PPP 项目风险、提高运作效率的关键，但是目前我国 PPP 法律的立法进程还在推进中，有关 PPP 模式的法律规定目前出自国务院、国家发展改革委员会、财政部、住房和城乡建设部等相关国家部门以及地方政府部门，这些行政法规较为分散、重叠性较高、系统性不足，低效率、低层次的法规体系在保障 PPP 模式有效运转的过程中阻力很大。长期看来，有法可依势在必行。通过对访谈资料的分析发现，法律法规的健全程度也影响着充电基础设施 PPP 模式供给。

（6）政府监管能力。政府监管是政府在市场经济条件下为实现公共政策目标，对微观经济主体进行的规范和制约。我国改革开放和经济社会发展中存在市场经济不完善、市场秩序不规范等问题，如一些微观经济体缺乏诚信意识等。监管的范围要符合市场经济发展的规律，相关部门和地方改革的进程不同步，范围和对象也不具体，监管难以到位。此外，在充电基础设施 PPP 项目中，市场参与主体多，但资质参差不齐，监管难度较大，以及监管调度需要丰富的信息资料等都对充电基础设施的 PPP 模式供给带来影响。

### 5.2.4 产品服务影响因素

充电基础设施建成后提供的充电产品服务是 PPP 模式供给的最终目标，也是政府和社会资本合作的动力所在，产品服务的各个因素均是影响合作供给的内部因素。

（1）社会资本参与方的项目管理能力。社会资本方的项目管理能力是在充电基础设施 PPP 项目的建设运营过程中，运用知识、技能、工具、技术、经验等方式将战略规划实现的能力，是满足项目参与者对项目的需求和期望的现实能力，包括布局、建设、运营、维护等全生命周期的管理。

（2）充电基础设施相关技术。充电技术的发展速度以及电动汽车对充电基础设施技术的依赖程度，决定了充电基础设施的成本，也间接决定了政府和社会资本在该领域合作供给的必要性。如通过对充电设备厂家负责人的深度访谈发现，虽然现阶段换电、无线充电等新技术正在开发，但未来 5～8 年仍将是以充电基础设施布局的充电桩为主。因此，将该变量纳入影响因素进行探讨。

（3）充电服务质量。充电基础设施最终服务大众，因此，质量是根本，包括充电体验以及周边产品。政府对质量标准的要求以及社会资本方提供充电服务质量的优劣将影响政府和社会资本合作中的选择判断。

（4）PPP 模式的供给方式选择。目前，PPP 的供给方式主要有特许权经营、委托—运营、管理合同、建设—运营—移交、建设—拥有—运营、转让—运营—移交和改建—运营—移交等，选择不同的模式会影响政府和社会资本方的合作意愿。由于现阶段充电基础设施的建设刚刚起步，存量资产少，因此，PPP 模式大多起步于建设阶段，而非转让阶段，同时，结合由扎根分析的深度访谈资料可知，社会资本方在参与充电基础设施 PPP 模式供给的时候更愿意以获得特许经营权的方式参与项目合作。

（5）最终用户的反馈及驱动。最终用户的反馈是指使用充电服务产品的客户对其服务所提出的关于产品的情况反馈。该变量的选取主要取决于扎根分析中的深度访谈资料，大部分的受访者都认为充电基础设施供给的落脚点是服务于大众，听取用户的反馈以及相关建议将推动项目的有效运转。

### 5.2.5 社会文化环境因素

（1）良好的合作环境。良好的合作环境是充电基础设施

PPP 项目可持续的保障。前面已经关注了诸如法律、政策、制度、市场等方面的环境因素，本部分更多从社会文化背景角度考量合作的环境，特别关注契约理念的遵从。结合扎根理论的分析结果，本书通过理论模型的建构指出，良好的契约理念将影响充电基础设施 PPP 模式的供给。

（2）互联网平台支撑。我们正步入“互联网 +”时代，规范统一的互联网平台，数据全、信息完整，便于监管、便于发现问题，通过对访谈资料分析，我们认为互联网平台的支撑有助于 PPP 项目参与方的全方位合作。

（3）专业人士的帮助。专业人士主要包括政策类、法律类、财务类、咨询类、行业类、学术类的专家，他们长期参与指导 PPP 项目，有更多的经验，可以使具体的充电基础设施 PPP 项目少走弯路，专业人士的经验、建议和帮助等都会对充电基础设施项目产生影响。此外，在 PPP 项目的合作时，中介咨询人士的介入也将促成合作项目的落地。

（4）满足公众安全和健康及环境的标准。采用 PPP 模式提供充电基础设施，参与方较多、充电方式多样化，需要有效的协调，特别是涉及安全和环境标准方面不容忽视。在本书的深度访谈中，充电基础设施 PPP 项目的各方专家均认为安全环保对政府和社会资本的合作供给产生影响。

（5）第三方监管力度。充电基础设施 PPP 模式供给的最终目标是为公众提供充电服务产品，与公众的利益息息相关，公众拥有对该类项目的知情权和监督权，规范的、定时的信息披露和第三方监管是有必要的。在本书的深度访谈中，我们也获取了除需政府监管外的第三方监管信息。因此，在综合考量之后将其纳入理论模型框架。

## 5.3　本章小结

本章运用质性分析的原理，通过扎根理论的方法，对充电基础设施 PPP 模式供给的影响因素进行了质性分析。首先介绍原始资料的收集过程和方法；其次基于扎根理论通过开放式编码、主轴编码以及选择性编码的流程对访谈资料进行深入具体的分析，提炼出其中的核心范畴；最后构建了充电基础设施 PPP 模式供给的影响因素模型，描述了相关变量，为后续实证问卷调研提供了理论依据。

# 第6章　充电基础设施 PPP 模式供给影响因素实证研究

问卷调查法是当前社会科学领域普遍采用的定量实证分析法，通过被调查对象对问卷量表中所涉问题的回复来获取一手数据，并在此基础上展开数理统计分析，最终得出可靠的结论。从前面对 PPP 影响因素研究的文献回顾中可以看出，问卷调查法是该领域应用较普遍的社会调查方法。美国社会学家艾尔·巴比（Earl Babbie，2012）将问卷调查称为社会调查的支柱，认为它可以不受研究对象的限制，通过对调查变量间关系的统计分析得出有意义的结论；著名英国社会学家莫瑟（Moser，1992）认为90%的社会调查是通过问卷实施的，在其与卡尔顿（Carlton，1992）合著的《社会研究中的调查方法》再次强调并肯定了问卷调查法在社会研究方法中的重要性；纽斯特等（Newsted et al.，1998）认为问卷调查较易操控、便于管理、成本较低、易于实现调查的目标，并且可以通过对样本数据的分析扩展到对总体的认知。本书的研究目的是找出影响充电基础设施 PPP 模式供给的重要因素，而问卷调查法是筛选重要影响因素行之有效的方法之一。基于此，本章在经过前面严格的扎根理论定性研究的基础上通过问卷调查来获取基础数据。

## 6.1　问卷开发设计的流程

问卷的开发设计是保证问卷调查法有效实施的基础和关键，唯有高质量的问卷量表设计才能保证现实问题的真实反映、有效数据的广泛收集以及最终研究结论的合理得出。问卷的开发设计要充分遵循理论和现实基础，本书的问卷开发设计步骤如图 6-1 所示。首先，通过文献研究和案例分析探寻可能影响充电基础设施 PPP 模式供给的因素，整理出相应的量表测量语句，本书主要借鉴了文献综述中李冰（Bing，2005）以及陈炳泉等（20%）总结的调查问卷，对于其中英文文献中涉及的影响因素，本书在不影响其含义的基础上请两名专业外语翻译人员通过意译方式调整，进行了本土化的规范；其次，针对充电基础设施 PPP 项目实施的属性和特点，在亲自走访、实地调研的基础上，通过各种有效路径进行了专家访谈，采用扎根理论分析访谈资料，深入挖掘这些因素间的关系并适度归类，构建了影响因素的概念模型，有导向性地完成调查量表的初步构思，且在访谈期间对部分专家就问卷量表进行了咨询，探讨了量表中变量的选择设计，补充丰富了问卷内容；最后，对问卷的总体框架结构以及细节处再次全面地修改完善，对其中涉及变量没有可供参考的部分，进行自行开发，最终形成初始问卷量表。调研问卷的设计符合问卷设计的原则：首先，问卷中对研究目的有简要的介绍，并给出简明的答题指导；其次，问卷长度适当并且简洁美观、层次分明，以 20 分钟内能够完成为宜；最后，问卷所涉语言表达通俗易懂、精准且设计的题项多采用封闭式问题。

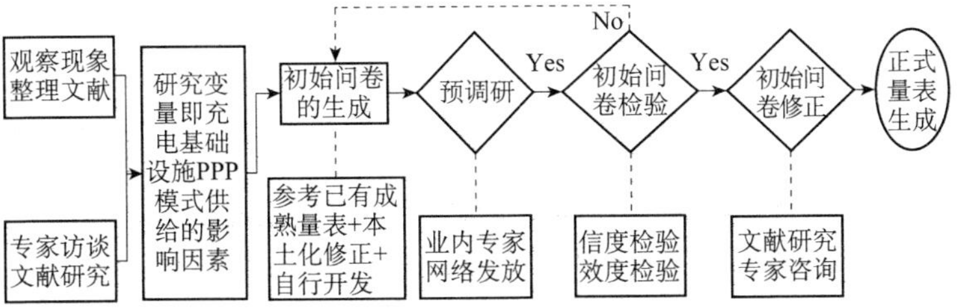


**图 6-1　问卷量表开发的具体步骤**

## 6.2 初始问卷量表构成

目前，针对充电基础设施 PPP 模式供给影响因素的成熟量表很少，由于本书的研究目标是建立影响因素综合模型并通过问卷筛选出影响充电基础设施 PPP 模式供给的重要因素，为此，本书所开发的问卷量表基本围绕各个可能的影响因素变量展开。为使量表达到广覆盖和代表性强的目标，本书问卷量表主要从两个方面生成：一部分借鉴已有研究中的成熟量表，同时结合专家访谈的结果，并依据我国充电基础设施 PPP 模式供给现状完成本土化修正；另一部分是基于本书中变量的概念界定并对其进行操作化定义，结合第 5 章扎根分析的结果，自行开发设计。问卷量表中的初始题目在多次修订和完善的基础上，生成了初始问卷量表。

问卷量表分为三个部分：第一部分是被调查者的基本资料，包括性别、年龄、工作单位、在充电基础设施 PPP 模式供给中的角色；第二部分是问卷调研的核心，该部分列出了可能影响充电基础设施 PPP 模式供给的影响因素，被调查人员根据自己的认知和实践经验对这些因素的重要性进行横向比较，评估充电基础设施 PPP 模式供给影响因素的重要性；第三部分是筛选重要影响因素，具体题项见附录 1。初始量表构成如表 6 - 1 所示。

除基本资料和选择重要影响因素之外，其他变量的重要程度判断测量均采用李克特量表，并使用 5 分制打分，在大多数情况下，由于一般人对五点以上的设计较难辨别，因此，5 点量表设计问卷的可靠性最好，问卷选项代表被调查者判断该题项描述的内容与自己实际行为或想法的符合程度，分别为“非常重要”“重要”“中等”“不重要”“很不重要”。

表6-1　初始量表构成

| 变量 | 因素 | 对应题项 | 参考量表 |
|---|---|---|---|
| 被调查的基本资料 | 性别<br>年龄<br>所在城市<br>职业领域<br>对PPP模式的熟悉程度<br>在充电基础设施PPP模式供给中的角色 | Q1<br>Q2<br>Q3<br>Q4<br>Q5<br>Q6 | 巴尔（Barr，1995）；<br>戈洛布（Golob，2003）；<br>艾迪纳尔普等（Aydinalp et al.，2004）；<br>张祥（Zhang，2005）；<br>自行开发 |
| 经济影响因素 | 宏观经济运行<br>充电基础设施的市场需求<br>充电基础设施项目经济可行性<br>多元化的商业运作模式<br>有效的金融市场<br>回报机制的选择<br>充电电价和服务费的定价机制<br>合理的收益分配 | Q7-1<br>Q7-2<br>Q7-3<br>Q7-4<br>Q7-5<br>Q7-6<br>Q7-7<br>Q7-8 | 李冰（Bing，2005）；<br>张祥（Zhang，2005）；<br>陈炳泉，彭曈（2010）；<br>袁竞峰等（2012）；<br>许娜（2014）；张红平，叶苏东（2016）；<br>夏立明等（2017）；<br>孟宪海等（Meng et al.，2011）；<br>亓霞，柯永建等（2009）；<br>李妍（2015）；<br>传卡农等（Trangkanont et al.，2014）；<br>自行开发 |
| 政府治理影响因素 | 政府科学决策<br>政府信用及政策连续性<br>政府管理体制<br>政府激励机制<br>法律法规体系<br>政府监管能力 | Q8-1<br>Q8-2<br>Q8-3<br>Q8-4<br>Q8-5<br>Q8-6 | 杰弗里斯（Jefferies，2006）；<br>伊斯梅尔（Ismail，2013）；<br>陈昶彧（2016）；<br>和军，樊寒伟（2016）；<br>任志涛，武继科（2017）；<br>杜亚灵等（2015）；<br>孙慧等（2010）；<br>自行开发 |
| 产品服务影响因素 | 社会资本参与方的项目管理能力<br>充电基础设施相关技术<br>充电服务质量<br>供给合作方式的选择<br>最终用户的反馈及驱动 | Q9-1<br>Q9-2<br>Q9-3<br>Q9-4<br>Q9-5 | 亚斯加尔等（Askar et al.，2002）；<br>范小军等（2004）；<br>阿卜杜勒-阿齐兹等（Abdul-Aziz et al.，2011）；<br>自行开发 |

续表

| 变量 | 因素 | 对应题项 | 参考量表 |
|---|---|---|---|
| 社会文化环境因素 | 良好的合作环境<br>互联网平台支撑<br>专业人士的帮助<br>满足公众安全和健康及环境的标准<br>第三方监管力度 | Q10-1<br>Q10-2<br>Q10-3<br>Q10-4<br><br>Q10-5 | 李冰（Bing，2005）；<br>许娜，(2014)；<br>夏立明等（2017）；<br>孟宪海等（Meng et al.，2011）；<br>亓霞，柯永建等（2009）；<br>李妍（2015）；<br>自行开发 |
| | 重要影响因素选择 | Q11-15 | 自行开发 |

# 6.3 预调研与量表检验修订

## 6.3.1 预调研数据收集

初始问卷量表生成之后，本书首先在小范围内实施预调研，一部分问卷利用参加由中央财经大学、中财—鹏元地方财政投融资研究所联合举办 2017 年基础设施投融资国际研讨会的机会，现场发放 50 份，此次大会的与会专家代表均为在 PPP 领域有一定建树的专家学者和实务界的高管，能够准确地反映出 PPP 模式运行的重要影响因素，但由于部分学者并没有参与实施充电基础设施的 PPP 项目，为了使问卷调研的结果更有针对性，本书选取财政部和国家发展改革委员会 PPP 项目库中所涉及的充电基础设施项目的政府部门、社会资本参与方、中介咨询服务机构、科研院所等相关机构的专家学者进行问卷调查。此外，通过在充电站场等充电基础设施附近蹲点，选择一部分设施的使用者和有主见且信息量大的青年参与问卷预调研，再通过问卷星网络发放、电话调查、电子邮件等多种形式收集问卷。预调研的实施周期为一个月，于 2017 年 9 月 15 日至 2017 年 10 月

15 日共回收问卷 232 份，其中，23 份问卷由于有 8 题以上选择了同一评价值被剔除，最终有效问卷为 209 份，占回收问卷总数的 90%。参考杜强和吴明隆关于量表预试对象数量的要求，即量表预试对象的数量最少应为最大分量表所包含题项数目的 3~5 倍，且样本越多越有利于量表检验。本书初始量表中最大分量表为经济影响因素分量表，该量表包含题项 7 个，因此，有效的预试量表样本应不少于 35 份的下限。本书预调研有效问卷 209 份，完全符合要求。

### 6.3.2　预调研量表评价法

在分析预调研量表的过程中，应先对量表的信度和效度进行检验。本书的信度检验主要采用内在一致性系数指标，即主要检验问卷量表中各题项间内在的一致性，借助 SPSS22.0 软件检验问卷的可靠性，对无效题项进行删除或修改，以确保下一步调研的科学性和有效性。就问卷调研调查法而言，本书采用在学术界 Likert 量表中应用最为广泛的信度检验方法 Cronbach's α 系数分析法。而对于其数值的选择，目前比较认可的是克莱恩（Kline，2010）的观点，他认为 Alpha 信度系数应该在 0~1 之间，量表信度系数在 0.9 以上，表示量表信度很好；量表信度系数在 0.8~0.9 之间，表示量表信度可以接受；量表的信度系数在 0.7~0.8 之间，表示量表的某些题项需要修订；量表的信度系数在 0.7 以下，表示量表某些题项需要抛弃；量表的信度系数在 0.5 以上是最小可接受范围。

本书的效度检验主要检验新设计量表的有效性和真实性。目前，测量效度的评价指标主要有内容效度和结构效度。其中，内容效度检验一般由研究者本人或者相关专家来完成，主要测度量表内容与目标之间的契合度；结构效度是衡量量表可能划分为抽象概念或理论维度的程度。结构效度不易直接测量，学者们常采用因子分析法来考量该结果，该方法是根据相关性大小把量表中的变量分组提取一些公因子，使得同组内的变量之间相关性较高，但不同组的变量相关性较低，这些公因子就代表量表的基本结构，目前常用的有验证性因子分析和探索性因子分析两种。其中，验证性因子分析主要用来分析基于成熟量表或理论形成的量表，重点进行假设检验；而探索性因子分析更多地用于新量表的设计，用于挖掘探索出潜变量，因此，本书采用探索性因子分析法对初始量表的结构效度进行检验。KMO 值以及 Bartlett 球形检验是采用探索性因子分析的先决条件，KMO 值在 0 ~ 1 之间，一般认为大于 0.5 时进行因子分析是可行的。而 Bartlett 球形检验的零假设为“各个变量是独立的”，表明初始量表适合进行因子分析的标准是其卡方值较大且统计显著（Sig = 0.000 < 0.05）。

### 6.3.3 预调研初始量表检验及修订

本书初始量表的信度检验主要考虑充电基础设施 PPP 模式供给、经济因素、政府治理因素、产品服务内部因素和社会文化环境因素五个部分。

（1）信度检验。本书信度检验分析的实施主要借助统计软件 SPSS22.0 实现，检验结果如表 6 - 2 所示。

**表 6 - 2　预调研初始量表信度分析结果**

| 变量 | Cronbach's α 系数 | 项数 |
| --- | --- | --- |
| 经济因素 | 0.838 | 8 |
| 政府治理因素 | 0.888 | 6 |
| 产品服务内部因素 | 0.833 | 5 |
| 社会文化环境因素 | 0.855 | 5 |
| 问卷整体信度 | 0.946 | 24 |

由信度检验结果可以看出，经济因素、政府治理因素、产品服务内部因素、社会文化环境因素的 Cronbach's α 系数都在 0.8 以上，同时，问卷的整体信度为 0.946。由此可见，量表具有较高信度，数据是可靠的。可以作为正式问卷调研。

（2）效度检验。本书变量分析的实施主要借助统计软件 SPSS22.0 实现。充电基础设施 PPP 模式供给影响因素量表包含经济影响因素、政府治理影响因素、产品服务内部影响因素以及社会文化环境因素四个维度。运用主成分分析法对该量表进行因子分析，KMO 检验和 Bartlett 球度检验结果如表 6－3 所示，KMO 为 0.938，大于 0.5，Bartlett 球度检验的卡方值为 3370.818，数值较大，且统计值显著。

**表 6－3　　　　变量量表的 KMO 和 Bartlett 的检验**

| | | |
|---|---|---|
| 取样足够度的 KMO 度量 | | 0.938 |
| Bartlett 的球形度检验 | 近似卡方 | 3370.818 |
| | Df | 276 |
| | Sig. | 0.000 |

采用方差最大化正交旋转为因子旋转方式提取因子，总方差解释率如表 6－4 所示，变量量表共提取了 4 个公因子，符合本书的理论模型设计，显示提取 4 个公因子的总方差解释率为 63.088%，张文彤（2002）认为在实际调研中总方差解释率为 50% 以上很常见，由于实际调研问题的影响因素很多，因此，盲目要求太高只能造假，如果有严格的研究设计和定性研究，50% 以上均可酌情接受，本书经过严格的扎根理论定性研究，认为 63.088% 解释率较高，可以反映影响充电基础设施 PPP 模式供给的主要因素，因子负荷矩阵如表 6－5 所示。

表 6－5 中因子载荷结果显示，变量的 24 个题项较好地分布在 4 个潜在因子上，且因子载荷值大都大于 0.5，但其中也有小

表 6－4　　变量初始题项解释的总方差

| 成分 | 初始特征值 | | | 提取平方和载入 | | | 旋转平方和载入 | | |
|---|---|---|---|---|---|---|---|---|---|
| | 合计 | 方差的百分比（%） | 累计（%） | 合计 | 方差的百分比（%） | 累计（%） | 合计 | 方差的百分比（%） | 累计（%） |
| 1 | 10.954 | 45.640 | 45.640 | 10.954 | 45.640 | 45.640 | 4.663 | 19.427 | 19.427 |
| 2 | 1.875 | 7.811 | 53.451 | 1.875 | 7.811 | 53.451 | 4.085 | 17.022 | 36.449 |
| 3 | 1.219 | 5.079 | 58.530 | 1.219 | 5.079 | 58.530 | 3.905 | 16.269 | 52.718 |
| 4 | 1.094 | 4.558 | 63.088 | 1.094 | 4.558 | 63.088 | 2.489 | 10.370 | 63.088 |

表 6－5　　变量初始题项的正交旋转成分矩阵

| 题项 | 成分 | | | |
|---|---|---|---|---|
| | 1 | 2 | 3 | 4 |
| Q7－1 | 0.205 | 0.025 | 0.328 | 0.676 |
| Q7－2 | 0.151 | 0.365 | －0.033 | 0.731 |
| Q7－3 | 0.133 | 0.238 | 0.075 | 0.741 |
| Q7－4 | －0.061 | 0.338 | 0.235 | 0.636 |
| Q7－5 | 0.108 | 0.265 | 0.609 | 0.243 |
| Q7－6 | 0.273 | 0.650 | 0.110 | 0.609 |
| Q7－7 | 0.220 | 0.312 | 0.290 | 0.637 |
| Q7－8 | 0.236 | 0.293 | 0.221 | 0.660 |
| Q8－1 | 0.656 | 0.219 | 0.316 | 0.318 |
| Q8－2 | 0.631 | 0.465 | 0.057 | 0.158 |
| Q8－3 | 0.713 | 0.278 | 0.234 | 0.119 |
| Q8－4 | 0.333 | 0.440 | 0.063 | 0.352 |
| Q8－5 | 0.765 | 0.232 | 0.273 | 0.105 |
| Q8－6 | 0.827 | 0.112 | 0.331 | 0.064 |
| Q9－1 | 0.298 | 0.612 | 0.329 | 0.281 |
| Q9－2 | 0.201 | 0.613 | 0.284 | 0.299 |
| Q9－3 | 0.339 | 0.543 | 0.408 | 0.251 |
| Q9－4 | 0.227 | 0.744 | 0.139 | 0.031 |
| Q9－5 | 0.399 | 0.533 | 0.330 | 0.097 |
| Q10－1 | 0.349 | 0.277 | 0.592 | 0.156 |
| Q10－2 | 0.172 | 0.400 | 0.539 | 0.212 |
| Q10－3 | 0.183 | 0.235 | 0.773 | －0.004 |
| Q10－4 | 0.397 | 0.149 | 0.706 | 0.092 |
| Q10－5 | 0.482 | 0.124 | 0.670 | 0.109 |

注：（1）提取方法：主成分。
（2）旋转法：具有 Kaiser 标准化的正交旋转法。
（3）a. 旋转在 8 次迭代后收敛。

于0.5的题项：经济影响因素维度中的题项“Q7－5：有效的金融市场”的因子载荷值小于0.5，通过分析发现，被调查者在回答该题项时可能存在一定的不确定性，现阶段更为有效的金融市场对充电基础设施PPP模式供给的影响可能并不显著，经专家咨询后，本书将该题项删除，删除该题项后，提取的4个公因子的总方差解释率提升至67.640%。

表6－5中政府治理影响因素维度的题项“Q8－4：政府激励机制”的因子载荷值也小于0.5，通过分析发现，现阶段在充电基础设施PPP项目中涉及的政府激励机制，在多数情况下让被调查者认为是财政补贴或是税收优惠等经济性刺激政策，综合考虑后认为将其置于政治治理影响因素的维度不太适合，因此，将该题项改为经济激励，调整该题项到经济影响因素中。其他22个题项较好地分布在4个潜在因子上且在各自因子的载荷值均大于0.5，而在其他因子的载荷值均小于0.5，说明量表的收敛效度和区别效度均较好。

根据上面对预调研初始量表效度检验结果的分析，除上述题项的调整外，在广泛吸纳专家和被调查者在问卷开放题项建议的基础上，为了进一步丰富调查的内容，本书对初始问卷还进行了如下的修订：在对调查者基本情况的了解中，正式量表增加从动态角度测量影响因素的题项，即了解被调查者参与的充电基础设施PPP项目所处的阶段，进而了解处在不同阶段的参与者对重要影响因素的选择。

此外，对部分测度题项的表述方式和言语表达进行修改，使题项更通俗易懂，便于理解，调整后的正式调研量表详见附录2，各个变量所对应的题项如表6－6所示。删除调整初始量表后因子载荷结果如表6－7所示，变量23个题项能够较好地分布在潜在的4个因子上，且所有因子的载荷值都大于0.5。

**表 6-6　　量表修正过程**

| 变量 | 原有题项数 | 删除题项数 | 增加题项数 | 现有题项数 | 对应题项号 |
|---|---|---|---|---|---|
| 经济影响因素 | 8 | 1 | 1 | 8 | Q7-1~Q7-8 |
| 政府治理影响因素 | 6 | 1 | 0 | 5 | Q8-1~Q8-5 |
| 产品服务内部影响因素 | 5 | 0 | 0 | 5 | Q9-1~Q9-5 |
| 文化环境影响因素效度 | 5 | 0 | 0 | 5 | Q10-1~Q10-5 |

**表 6-7　　修改后的变量初始题项的正交旋转成分矩阵**

| 题项 | 成分 | | | |
|---|---|---|---|---|
| | 1 | 2 | 3 | 4 |
| Q7-1 | 0.352 | 0.137 | 0.008 | 0.667 |
| Q7-2 | -0.010 | 0.096 | 0.363 | 0.739 |
| Q7-3 | 0.002 | 0.195 | 0.255 | 0.691 |
| Q7-4 | 0.068 | -0.007 | 0.280 | 0.692 |
| Q7-5 | 0.135 | 0.278 | 0.379 | 0.573 |
| Q7-6 | 0.235 | 0.317 | 0.379 | 0.504 |
| Q7-7 | 0.359 | 0.438 | 0.194 | 0.544 |
| Q7-8 | 0.092 | 0.631 | 0.455 | 0.193 |
| Q8-1 | 0.274 | 0.758 | 0.245 | 0.087 |
| Q8-2 | 0.086 | 0.588 | 0.478 | 0.037 |
| Q8-3 | 0.353 | 0.756 | 0.186 | 0.137 |
| Q8-4 | 0.399 | 0.813 | 0.023 | 0.092 |
| Q8-5 | 0.458 | 0.518 | 0.398 | 0.368 |
| Q9-1 | 0.558 | 0.264 | 0.208 | 0.440 |
| Q9-2 | 0.531 | 0.523 | 0.186 | 0.316 |
| Q9-3 | 0.605 | 0.193 | 0.432 | 0.021 |
| Q9-4 | 0.543 | 0.131 | 0.482 | 0.310 |
| Q9-5 | 0.686 | 0.305 | .120 | 0.105 |
| Q10-1 | 0.374 | 0.281 | 0.639 | 0.197 |
| Q10-2 | 0.474 | 0.158 | 0.773 | 0.201 |
| Q10-3 | 0.339 | 0.161 | 0.545 | -0.014 |
| Q10-4 | 0.421 | 0.283 | 0.524 | 0.110 |
| Q10-5 | 0.301 | 0.308 | 0.515 | 0.127 |

注：(1) 提取方法：主成分。

(2) 旋转法：具有 Kaiser 标准化的正交旋转法。

(3) a. 旋转在 9 次迭代后收敛。

# 6.4　正式问卷量表发放及样本概况

充电基础设施 PPP 模式供给的参与主体和相关研究人员对影响合作的重要因素有较为清晰和有意义的认识和思考，因此，为了使研究结果更加有说服力，本书选取与之相关的政府部门、社会资本参与方、中介咨询服务机构、科研院所等与该产业链相关组织机构的专家学者进行问卷调查。其中，政府部门主要有 PPP 项目管理的财政部门以及国家发展改革委员会下属的相关部门；社会资本参与方则主要涉及电网企业、电池生产企业、电动汽车生产企业等与充电基础设施供给密切相关的企业，如图 6－2 所示；

图 6－2　充电基础设施影响因素问卷调查对象分布

科研院所的专家主要为经管类相关学者。数据收集通过委托企业以现场和电子邮件两种方式发放问卷，具体调查对象主要为工作年限较长、熟知充电基础设施情况的基层和中高层管理者。另外，国家发展改革委员会以及财政部政府和社会资本合作中心的专家库也是问卷发放的对象群体，这些受访者均来自在 PPP 项目中有丰富经验的组织，问卷调查的对象如图 6－3 所示。

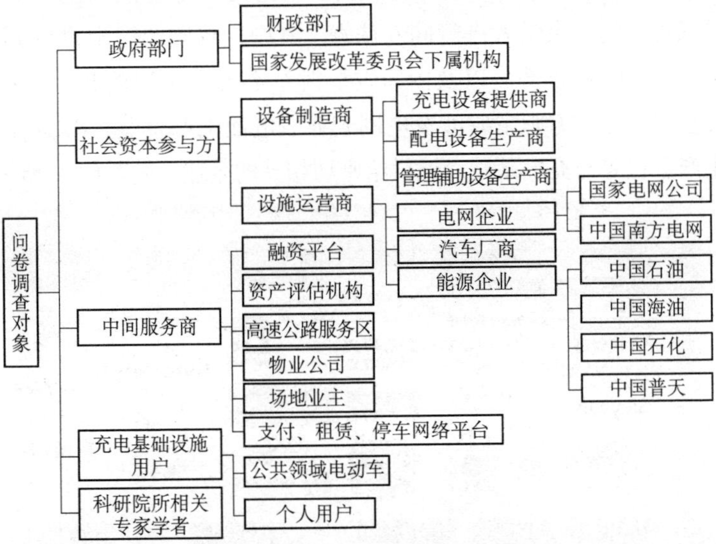


**图 6－3　充电基础设施影响因素问卷调查对象**

本书正式问卷量表一部分在获取相关专家的联系方式后通过电话调查直接咨询其对问卷题项的选择；一部分借助相关专家的电子邮箱、微信、QQ 等网络通信平台进行问卷网址的链接转发；还有一部分为实地调研、面对面发放问卷。正式调研为期 1 个月，从 2017 年 10 月 20 日至 2017 年 11 月 20 日，共发放纸质问卷 265 份，网络问卷 486 份；最终收回纸质问卷 252 份，网络问卷 453 份，共计 705 份。根据无连续 8 题以上选择同一评价值以及无漏选的筛选原则，最终收回有效纸质问卷 220 份，有效网络问卷412份，共计632份，问卷总体有效回收率为84.15%，如表6-8所示。

表6-8 问卷发放及回收情况统计

| 问卷形式 | 发放问卷（份） | 回收问卷（份） | 有效问卷（份） | 有效回收率（%） |
|---|---|---|---|---|
| 纸质问卷 | 265 | 252 | 220 | 83.01 |
| 网络问卷 | 486 | 453 | 412 | 84.77 |
| 总计 | 751 | 705 | 632 | 84.15 |

## 6.5 正式量表信度和效度检验

本书在预调研初始量表修正的基础上形成了正式量表，为在描述性统计分析之前确保数据的有效可信性，本书对正式量表进行了信度和效度检验。

### 6.5.1 正式量表的信度检验

从表6-9显示的正式量表信度检验结果可以看出，各分量表及问卷整体信度指标的Cronbach's α系数均在0.7以上，表示该量表具有较好的可靠性、稳定性以及内部一致性，量表可接受。

表6-9 正式量表信度分析结果

| 变量 | Cronbach's α系数 | 项数 |
|---|---|---|
| 经济因素 | 0.836 | 8 |
| 政府治理因素 | 0.893 | 5 |
| 产品服务内部因素 | 0.814 | 5 |
| 社会文化环境因素 | 0.846 | 5 |
| 问卷整体信度 | 0.943 | 23 |

### 6.5.2 正式量表的效度检验

正式量表的效度检验同样考虑内容效度和建构效度两个方

面，借助统计软件 SPSS22.0 实现。内容效度方面，本书量表在设计之初便参考了国内外已有的成熟量表，咨询专家多次，且在预调研之后进行了适当调整和修正，因此，可认为本书量表的内容效度较好。建构效度方面，本书将对量表中的变量运用主成分分析法，对该量表进行因子分析，KMO 检验和 Bartlett 球度检验结果如表 6-10 所示，KMO 为 0.942，大于 0.5，Bartlett 球度检验的卡方值为 8626.256，数值较大，且统计值显著。

**表 6-10　变量量表的 KMO 和 Bartlett 的检验**

| 取样足够度的 KMO 度量 | | 0.942 |
|---|---|---|
| Bartlett 的球形度检验 | 近似卡方 | 8 626.256 |
| | Df | 253 |
| | Sig. | 0.000 |

采用方差最大化正交旋转为因子旋转方式提取因子，正式量表总方差解释率如表 6-11 所示，显示提取 4 个公因子的总方差解释率为 63.011%，可以较充分地反映充电基础设施 PPP 模式供给的主要影响因素。

**表 6-11　修改题项后解释的总方差**

| 成分 | 初始特征值 | | | 提取平方和载入 | | | 旋转平方和载入 | | |
|---|---|---|---|---|---|---|---|---|---|
| | 合计 | 方差的百分比（%） | 累计（%） | 合计 | 方差的百分比（%） | 累计（%） | 合计 | 方差的百分比（%） | 累计（%） |
| 1 | 10.325 | 44.891 | 44.891 | 10.325 | 44.891 | 44.891 | 4.094 | 17.799 | 17.799 |
| 2 | 1.935 | 8.413 | 53.304 | 1.935 | 8.413 | 53.304 | 4.088 | 17.775 | 35.573 |
| 3 | 1.159 | 5.041 | 58.345 | 1.159 | 5.041 | 58.345 | 3.690 | 16.042 | 51.615 |
| 4 | 1.073 | 4.667 | 63.011 | 1.073 | 4.667 | 63.011 | 2.621 | 11.396 | 63.011 |

## 6.6　充电基础设施 PPP 模式影响因素分析

### 6.6.1　影响因素的重要性指数

为了更好地了解影响充电基础设施 PPP 模式供给的因素基

本情况，本书基于正式问卷结果，对 632 份有效问卷进行了深入的分析，试图挖掘出影响充电基础设施 PPP 模式供给的重要影响因素。本书借鉴张祥（Zhang，2005）以及李冰（Bing，2005）对重要性指数的界定。通过公式（6－1）将问卷调查中 5～1 的重要程度，即“非常重要”“重要”“中等”“不重要”“很不重要”，转换为 100～0 的量级，即 100 表示最高、0 表示最低，级距为 20，“5”“4”“3”“2”“1”和“0”分别表示有“100”“80”“60”“40”“20”“0”的显著性指数，其中，“0”表示该题项空缺，由于已经将有缺失的问卷剔除，因此，本书仅计算其他的几个指标。

$$S_i = \frac{N_{i0} \times 0 + N_{i1} \times 20 + N_{i2} \times 40 + N_{i3} \times 60 + N_{i4} \times 80 + N_{i5} \times 100}{N_{i0} + N_{i1} + N_{i2} + N_{i3} + N_{i4} + N_{i5}} \tag{6-1}$$

其中，$S_i$表示第 i 个指标的重要性，$N_{i0}$表示第 i 个指标中缺失的样本个数，$N_{i1}$表示第 i 个指标中响应度为 1 的样本个数，$N_{i2}$表示第 i 个指标中响应度为 2 的样本个数，$N_{i3}$表示第 i 个指标中响应度为 3 的样本个数，$N_{i4}$表示第 i 个指标中响应度为 4 的样本个数，$N_{i5}$表示第 i 个指标中响应度为 5 的样本个数。通过对问卷第二部分数据的统计分析并借助重要性指数对各因素进行综合重要性排序，得出全部受访者对充电基础设施 PPP 模式影响因素重要性指数并排序，如表 6－12 所示。

**表 6－12　所有受访者对影响因素重要性的评价**

| 影响因素 | | 样本个数（个） | | | | | 重要性指数 | 排序 | 权重（%） |
|---|---|---|---|---|---|---|---|---|---|
| | | 5 | 4 | 3 | 2 | 1 | | | |
| 经济影响因素 | 宏观经济运行 | 136 | 310 | 160 | 20 | 6 | 77.41 | 8 | 5.38 |
| | 充电基础设施的市场需求 | 349 | 210 | 55 | 15 | 3 | 88.07 | 1 | 22.63 |
| | 充电基础设施项目经济可行性 | 233 | 321 | 59 | 14 | 5 | 84.15 | 5 | 8.39 |

续表

| 影响因素 | | 样本个数（个） | | | | | 重要性指数 | 排序 | 权重（%） |
|---|---|---|---|---|---|---|---|---|---|
| | | 5 | 4 | 3 | 2 | 1 | | | |
| 经济影响因素 | 多元化的商业运作模式 | 225 | 273 | 114 | 17 | 3 | 82.15 | 6 | 7.12 |
| | 财政补贴、税收优惠等经济刺激 | 305 | 283 | 32 | 9 | 3 | 87.78 | 2 | 19.94 |
| | 回报机制的选择 | 314 | 244 | 65 | 6 | 3 | 87.22 | 4 | 15.82 |
| | 充电电价和服务费的定价机制 | 304 | 267 | 52 | 4 | 5 | 87.25 | 3 | 17.41 |
| | 合理的收益分配 | 194 | 327 | 94 | 12 | 5 | 81.93 | 7 | 3.32 |
| 政府治理影响因素 | 政府科学决策 | 227 | 337 | 53 | 12 | 3 | 84.46 | 2 | 24.84 |
| | 政府信用及政策连续性 | 299 | 272 | 45 | 13 | 3 | 86.93 | 1 | 27.69 |
| | 政府管理体制 | 212 | 304 | 108 | 5 | 3 | 82.69 | 4 | 19.78 |
| | 法律法规体系 | 239 | 291 | 80 | 19 | 3 | 83.54 | 3 | 12.82 |
| | 政府监管能力 | 230 | 254 | 137 | 6 | 5 | 82.09 | 5 | 14.87 |
| 产品服务影响因素 | 社会资本参与方的项目管理能力 | 267 | 314 | 42 | 6 | 3 | 86.46 | 2 | 24.21 |
| | 充电基础设施相关技术 | 288 | 262 | 74 | 5 | 3 | 86.17 | 4 | 24.37 |
| | 充电服务质量 | 274 | 291 | 62 | 0 | 5 | 86.23 | 3 | 22.15 |
| | 供给合作方式的选择 | 284 | 300 | 36 | 9 | 3 | 86.99 | 1 | 19.15 |
| | 最终用户的反馈及驱动 | 190 | 338 | 80 | 18 | 6 | 81.77 | 5 | 10.13 |
| 社会文化环境因素 | 良好的合作环境 | 240 | 327 | 60 | 2 | 3 | 85.28 | 1 | 48.10 |
| | 互联网平台支撑 | 234 | 311 | 68 | 14 | 5 | 83.89 | 2 | 19.46 |
| | 专业人士的帮助 | 167 | 309 | 139 | 10 | 7 | 79.59 | 4 | 9.18 |
| | 满足公众安全和健康及环境的标准 | 210 | 307 | 105 | 5 | 5 | 82.53 | 3 | 19.94 |
| | 第三方监管力度 | 161 | 303 | 154 | 8 | 6 | 79.14 | 5 | 3.32 |

从表6－12中可以看出，在经济影响因素的8个子项中，除宏观经济运行的重要性指数低于80，其他7项指标都大于80，说明每个指标都有其重要性，但相比较而言，排名前五的分别为：充电基础设施的市场需求；财政补贴、税收优惠等经济刺激；充电电价和服务费的定价机制；回报机制的选择；充电基础设施项目经济可行性。首先，受访者普遍认为充电基础设施的市场需求是影响充电基础设施 PPP 模式供给的首要因素，即大部分受访者依然停留在需求引导供给的认识阶段，主要通过

“车桩比”来判断供需状况进而影响充电基础设施的供给数量和模式的选择。其次，受访者普遍关注财政补贴、税收优惠等财政刺激政策对充电基础设施 PPP 模式选择和运行的影响，这一方面是由于新能源产业在发展之初，更多的是依靠政府财政支出政策的引导，如新能源汽车购车补贴等；另一方面，在项目运行过程中，税费的减免也是降低项目运行成本的主要路径。最后，定价机制、回报机制等都影响到 PPP 模式的收益，进而影响其运行。

在政府治理影响因素的子项中，依重要性指数排序为：政府信用及政策连续性；政府科学决策；法律法规体系；政府管理体制；政府监管能力。统计分析结果反映出专家对政府信用以及政府政策的延续性关注度很高，说明该因素对充电基础设施 PPP 项目的长期运行起着较为关键的支撑作用。

在产品服务影响因素的子项中，按重要性指数排序为：供给合作方式的选择；社会资本参与方的项目管理能力；充电服务质量；充电基础设施相关技术；最终用户的反馈及驱动。现阶段，如何更有效地应用 PPP 模式，选择合适的合作方式是受访者普遍认为的关键点。

在社会文化环境因素的子项中，按重要性指数得分排序为：良好的合作环境；互联网平台支撑；满足公众安全和健康及环境的标准；专业人士的帮助；第三方监管力度。合作环境的构建是目前充电基础设施 PPP 项目实施的大环境。

目前，关于权重的确定方法有数十种之多，根据计算权重时原始数据的来源以及计算过程的不同，可分为主观赋权法和客观赋权法。主观法是由决策分析者或专家对各属性的主观重视程度而进行赋权的方法，优点是可以根据实际问题，较为合理地确定各指标之间的排序，也就是说，尽管主观赋权法不能准确地确定各指标的权重，但在通常情况下，主观赋权法可以在一定程度上有效地确定各指标按重要程度给定的权重的先后顺序；缺点是主观随意性大。客观赋权法是单纯利用属性的客观信息而确定权重的方法，主要有拉开档次法、熵权信息法、均方差法、变异系数法、离差最大化法、简单关联函数法等。本书结合调查问卷第三部分的评价结果，按选择比例赋予各影响因素相应的权重，是一种主观赋权法。如表 6－13 所示，得出经济影响因素、政府治理影响因素、产品服务影响因素以及社会文化环境因素的综合重要性指数，其中，经济影响因素的重要性指数得分最高，产品服务影响因素次之，政府治理影响因素位列第三，而社会文化环境因素的重要性指数得分最低，对 PPP 模式运行的影响程度相对较低。由此可见，经济因素在现阶段对 PPP 模式在充电基础设施领域应用的影响最大，也是完善该模式的主要突破口和重要因素。

**表 6－13　所有受访者对影响因素重要性的评价**

| 影响因素 | 综合重要性指数 | 排序 |
|---|---|---|
| 经济影响因素 | 86.21 | 1 |
| 政府治理影响因素 | 84.32 | 3 |
| 产品服务影响因素 | 85.97 | 2 |
| 社会文化环境因素 | 83.74 | 4 |

### 6.6.2　不同组群对影响因素重要性评估的差异

为了全面了解 PPP 项目不同参与主体对影响因素重要性评估的差异，本书根据调查问卷第一部分的基本信息资料数据，按照参与充电基础设施 PPP 项目实施主体即政府部门和社会资本方，将调查对象分为两组：第一组为政府部门受访者；第二组为社会资本方受访者。在本次调查收回的有效问卷中，第一组的参与人数为 133 人，第二组的参与人数为 129 人。虽然两组人数存在差异，但分析过程基本上采用重要性分值的均值，所以对结果的影响较少。本书借鉴奥卡帕拉和阿尼克武（Okpala & Aniekwu，1988）提供的检验两组不同主体间排序的吻合度即排序吻合因子（rank agreement factor，RAF）对这两者进行一致性分析，以期更加清晰准确地确定不同组群调查对象数据的差异。RAF 显示了两个主体之间对影响因素排序的平均绝对差异，如公式（6－2）和公式（6－3），RAF 指数解释了两组不同主体对同一问题看法的一致性，当 RAF＝0，意味着完全一致。

$$RAF = \frac{1}{N}\left[\sum_{i=1}^{N} |R_{i1} - R_{i2}|\right] \tag{6-2}$$

$$RAF_{max} = \frac{1}{N}\left[\sum_{i=1}^{N} |R_{i1} - R_{j2}|\right] \tag{6-3}$$

其中，$R_{i1}$是政府部门受访者对各个因素的排序，$R_{i2}$是社会资本方受访者对各个因素的排序，N 是影响因素的总数，$j = N - i + 1$。不一致率（percentage disagreement，PD）是分析两组数据差别的重要指标，其计算公式为：

$$PD = \frac{RAF}{RAF_{max} \times 100} \tag{6-4}$$

相应地，一致率（percentage agreement，PA）计算公式为：

$$PA = 100 - PD \tag{6-5}$$

利用问卷收集的数据，分别列出两组不同参与主体的主要影响因素并对其重要性指数进行排序，通过计算排序吻合因子进而得出一致性分析结果，如表 6－14 所示。从一致性结果的分析可以看出，两组数据在经济影响因素下的一致率达到 53.3%。其中，政府部门受访者在充电基础设施 PPP 项目中首要关注的是项目实施运营后回报机制选择，他们更关心最终的支出负担由哪方承担，如果项目由政府付费，则意味着政府的财政支出责任大，而如果通过使用者付费，政府的财政支出责任就相对减少。此外，回报周期的长短，也是政府考虑影响 PPP 项目的因素。

**表 6－14　政府部门受访专家、社会资本方受访专家对各影响因素重要性的评价**

| 影响因素 | | 政府部门受访者 重要性指数 | 政府部门受访者 排序 | 社会资本方受访者 重要性指数 | 社会资本方受访者 排序 | 一致性分析 |
|---|---|---|---|---|---|---|
| 经济影响因素 | 回报机制的选择 | 87.52 | 1 | 89.30 | 5 | RAF＝1.75<br>RAFmax＝3.75<br>PA＝53.3% |
| | 财政补贴、税收优惠等经济刺激 | 86.92 | 2 | 93.02 | 1 | |
| | 充电基础设施的市场需求 | 86.91 | 3 | 89.61 | 3 | |
| | 充电电价和服务费的定价机制 | 86.47 | 4 | 91.94 | 2 | |
| | 充电基础设施项目经济可行性 | 85.11 | 5 | 85.27 | 6 | |
| | 合理的收益分配 | 84.81 | 6 | 76.43 | 8 | |
| | 宏观经济运行 | 78.20 | 7 | 80.31 | 7 | |
| | 多元化的商业运作模式 | 77.14 | 8 | 89.46 | 4 | |
| 政府治理影响因素 | 政府监管能力 | 89.47 | 1 | 74.7 | 4 | RAF＝1.2<br>RAFmax＝1.6<br>PA＝25% |
| | 政府科学决策 | 87.97 | 3 | 79.84 | 2 | |
| | 法律法规体系 | 87.72 | 2 | 75.97 | 3 | |
| | 政府信用及政策连续性 | 87.62 | 4 | 87.91 | 1 | |
| | 政府管理体制 | 86.62 | 5 | 73.35 | 5 | |
| 产品服务影响因素 | 充电服务质量 | 88.42 | 1 | 81.55 | 4 | RAF＝1.2<br>RAFmax＝2<br>PA＝40% |
| | 社会资本参与方的项目管理能力 | 87.52 | 2 | 87.44 | 2 | |
| | 充电基础设施相关技术 | 86.02 | 3 | 88.37 | 1 | |
| | 供给合作方式的选择 | 84.51 | 4 | 85.12 | 3 | |
| | 最终用户的反馈及驱动 | 84.50 | 5 | 74.42 | 5 | |
| 社会文化环境因素 | 满足公众安全和健康及环境的标准 | 86.62 | 1 | 77.05 | 3 | RAF＝1.6<br>RAFmax＝1.6<br>PA＝0% |
| | 良好的合作环境 | 85.71 | 2 | 87.44 | 2 | |
| | 第三方监管力度 | 84.81 | 3 | 73.80 | 4 | |
| | 专业人士的帮助 | 81.65 | 4 | 71.32 | 5 | |
| | 互联网平台支撑 | 80.90 | 5 | 88.06 | 1 | |
| | 政府治理影响因素 | 87.88 | 1 | 78.35 | 3 | RAF＝1<br>RAFmax＝1.5<br>PA＝33.4% |
| | 产品服务影响因素 | 86.20 | 2 | 83.38 | 2 | |
| | 经济影响因素 | 84.14 | 3 | 86.92 | 1 | |
| | 社会文化环境因素 | 83.94 | 4 | 79.53 | 4 | |

据问卷数据统计结果显示，无论是政府部门受访者还是社会资本方受访者，都充分肯定了现阶段经济激励机制对充电基础设施PPP模式运行的不可替代的影响，是典型的重要影响因素，双方均认为财政补贴、税收优惠等经济刺激的重要性指数高，特别是社会资本方将其重要性列为第一，但究竟该重要影响因素如何作用于PPP模式的参与主体并最终影响项目运行，将在下面重点分析。此外，政府方和社会资本方受访者均认为充电基础设施市场需求对PPP模式运行的影响较强，并且重要性指数排序都为第三。另外，两组数据在政府治理影响因素下的一致率较低，为25%。从综合排序中可以看出，政府部门受访专家认为政府监管是比较重要的因素，现阶段提供充电基础设施的质量标准不统一，监管阻力大；而社会资本方受访者则更重视政府的信用以及政策的延续性。此外，两者都认为政府的科学决策和完善的法律法规体系比较重要。

表6－14显示了两组数据在产品服务影响因素下的一致率达到40%。从综合排序中可以看出，政府部门受访专家认为充电服务质量是比较重要的影响因素，反映了政府部门在PPP模式下更关注最终提供的充电基础设施质量和服务水平，而社会资本方受访者则认为充电基础设施相关技术发展对PPP模式的影响程度相对较强。由于现阶段充电基础设施PPP项目大多处于政策引导下的项目建设期，对最终用户的反馈和驱动关注度相对较低。

两组数据对社会文化环境因素影响的一致率仅为0%。从综合排序中可以看出，政府部门受访专家看重的是满足公众安全和健康及环境的标准，说明政府部门更重视充电基础设施PPP模式供给的正外部性和社会效益，而社会资本方受访者则认为在社会文化环境因素子项里互联网平台支撑对充电基础设施PPP

模式的供给影响最大。此外，两者都认为良好的合作环境对 PPP 项目的实施比较重要。

总体看来，两大参与主体影响因素重要性的判断受其在 PPP 项目中关注侧重点的影响。表 6 - 14 显示了两组数据在不同范畴影响因素下的一致率为 33.4%。政府部门受访专家更青睐从自身做起，提升政府综合治理能力，这也是当前我国加强政府治理、提升政府服务理念的直观反映；社会资本方受访者更具有经济人的属性，对经济影响因素的关注度最高，与前面所有被调查者对经济影响因素的重要性评价一致。此外，两者对产品服务影响因素重要性的判断是相同的，反映出用 PPP 模式提供充电基础设施的根本还是要保证高效优质的充电服务。

## 6.7 本章小结

本章简述了量表的设计原则和开发流程，在前面所构建的理论模型和国内外文献中已有相关成熟量表以及专家咨询访谈数据的基础上，完成了初始调查量表的设计，并在小范围内实施了预调研。根据预调研得到的数据，分别对初始量表的信效度进行检验，并修正初始题项，形成正式量表。利用正式调研回收的 632 份有效问卷，对其进行信效度检验，确保正式量表的可靠性和有效性。本章引入重要性指数指标，根据问卷数据统计结果得出全部受访者对影响充电基础设施 PPP 模式供给因素的重要性指数并排序，结合调查问卷第三部分的评价结果，赋予各影响因素相应的权重。统计结果显示，现阶段经济因素对 PPP 模式在充电基础设施领域应用的影响最大，也是完善该模式的主要突破口和重要因素。同时，本章还利用排序吻合因子进一步验证分析了不同参与主体对各个影响因素重要性的判断，结果显示，两组数据确实存在差异。但统计分析结果显示，无论是政府部门受访者还是社会资本方受访者，都充分肯定了现阶段财政补贴、税收优惠等经济激励对充电基础设施 PPP 模式供给运行的不可替代的影响，是典型的重要影响因素。

# 第7章　充电基础设施 PPP 模式参与主体的博弈分析

本书从充电基础设施 PPP 模式供给的实施现状出发，基于第4章中已识别出的充电基础设施 PPP 模式供给的参与主体，利用博弈论相关理论对参与主体之间的主要博弈关系进行分析，如图7－1所示。

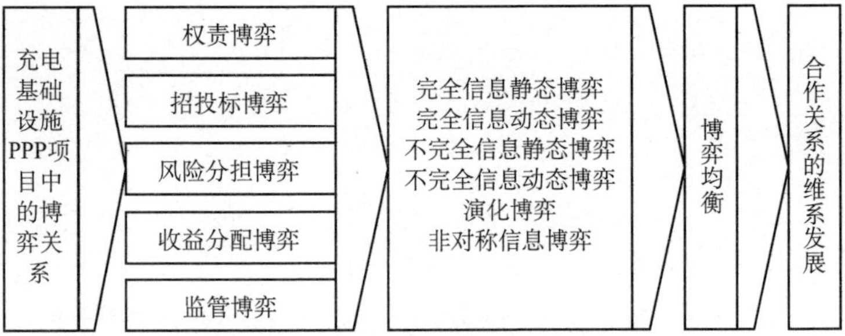


**图7－1　PPP 模式主要博弈关系**

首先，权责博弈是充电基础设施政府和社会资本合作供给必须厘清的关系，它贯穿整个博弈框架，需要权衡各投资主体的责权利，明确中央和地方政府、地方政府之间以及政府和企业间的责权关系，厘清项目参与各方的利益与困境。充电基础设施 PPP 项目中政府部门和社会资本的出资比例及形式甚至特许经营期的安排和投资回报率的决定，均需要建立公私合作的投资比例模型，研究公私双方以及政府部门各个层级之间的责权和制衡关系，通过反复讨价还价进而达成均衡。

其次，从充电基础设施 PPP 项目顺利开展的必须环节看，政府采购、市场准入等招投标博弈关系也需明确。充电基础设施PPP项目招标的评标因素不仅包括充电服务费等价格基本因素，还包括融资、运营以及移交等具体项目。社会资本投标单位以中标为目的，在投标过程中会隐瞒甚至编造一些信息。在招投标过程中，以不完全信息静态博弈为基础，综合考虑项目全生命周期的影响因素，处理好政府和投标人之间的招投标博弈关系，将有利于项目的开展。

再次，风险分担、利益共享是充电基础设施PPP项目的基本特征，政府部门与社会资本的风险偏好不同，如何分担风险、共享利益本就是一个博弈的过程。在充电基础设施PPP模式供给的过程中会有政策变动风险、寻租风险、法律风险、商业违约风险和不可抗力风险等多种风险，由于PPP项目参与主体多元化，构建政府部门与社会资本方风险合理分担的不完全信息动态博弈模型，优化风险分配和管理显得尤为重要。在收益分配方面，不仅要考虑政府的社会效益最大化目标、社会资本的利润最大化目标，还要考虑社会公众使用成本最小化的目标以及项目自身的盈利能力，形成相互协调、相互制约的关系。

最后，有效监管在充电基础设施PPP项目的合作过程中必不可少。从大的方面，由于在合作中政府更倾向于社会利益的达成，而社会资本则追求自身利益最大化，因此，只有形成良好的监管框架并有效地执行监管，才能发挥PPP项目的合作优势。从小的方面看，如政府在招投标过程中，势必会选定一个执行人来组织相关活动，而执行人本身作为理性的经济人，会选择自身效益最大化的策略，可能会出现寻租行为，导致最终的中标人不是最优选择，因此监管也显得尤为重要。

从PPP模式运行的权责划分、招投标进程、风险分担、利益共享和监管方面，结合前面识别的影响政府和社会资本合作的重要因素，进一步构建相关主体的博弈关系网，使参与主体成为影响因素的载体，由此，梳理影响因素与参与主体间的对应关系，如图 7 - 2 所示。在参与主体层，各个主体间互联互通，在充电基础设施供给中发挥着不同的作用，而在影响因素的关系网中，各个影响因素间也是相互联系的，其中有重要的因素，也有相对次要的因素，它们分别支撑相应主体的相互作用。本书基于演化博弈理论，着重对经济刺激等重要因素影响下的参与主体间的相互博弈行为进行分析，进一步发现当前充电基础设施 PPP 模式中存在的主要问题，试图求出均衡解，分析达到博弈均衡的策略，以期引导充电基础设施 PPP 模式规范运行。

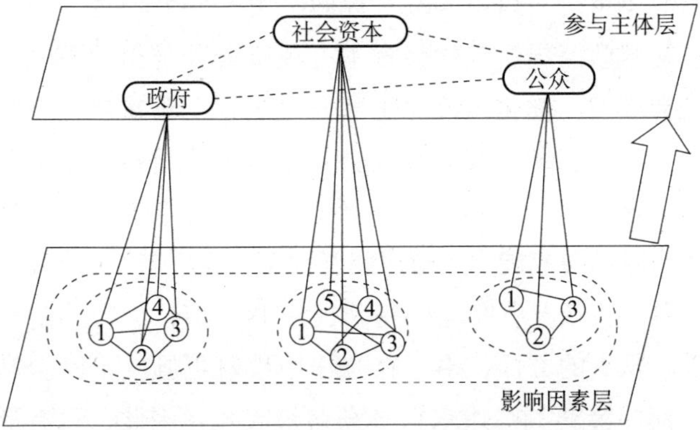


**图 7 - 2　PPP 模式参与主体层与影响因素层的互联关系**

## 7.1　演化博弈理论

在传统的博弈论中，通常假定信息完全对称，参与人完全理性。但现实中，信息往往并不对称，参与人是有限理性，博弈过程也是复杂的动态过程。演化博弈论（evolutionary game theory）的提出很好地解决了这一问题，它将经典博弈论与演化生物学相结合，是现实性较强的博弈理论，参与人由完全理性变为有限理性，所达到的最终均衡是通过不断地尝试与博弈所获得的，是一种动态的均衡过程。因此，本书将演化博弈应用于研究充电基础设施 PPP 模式，并分析参与主体的随机性非理性行为。

与经典博弈不同，演化博弈参与者并非掌握全部的博弈知识，只能通过某种传递机制不断地尝试和选择策略，有鉴于参与者均是从群体中随机选择的，因此，弗里德曼（Friedman，1998）认为，参与者不会像重复博弈那样尝试通过声誉机制来影响对方未来的行动。此外，演化博弈侧重研究参与者规模和策略频率的演化过程，韦布尔（Weibull，1995）认为，演化博弈模型主要包括选择和突变两种机制。选择是指参与者采取能够获得支付更高的策略，突变是指个别参与者有时会随机选择策略，通常较好的策略会保留下来。整个突变过程，其实就是不断试错和模仿学习的过程。梅纳德·史密斯（Maynard Smith，1982）认为，在演化博弈中突变机制主要是为了检验演化均衡的稳定性，因此，选择机制仍是演化博弈的主要构成。

演化博弈论最重要的两个核心概念是演化稳定策略（evolutionarily stable strategy，ESS）和复制者动态（replicator dynamics）。其中，演化稳定策略是 1973 年由史密斯与普莱斯（Smith & Price，1973）初次提出的，是一个分析有限理性博弈的有效均衡概念，也是纳什均衡的一种精炼，其核心思想是：假设存在不同策略的群体进行博弈，当出现一个正的入侵障碍时，使得任意小的变异策略所获得的支付均小于现存策略获得的支付，即策略的适应度越高，随着演化博弈时间的推移，越有可能保留下来；反之，策略的适应度越低，则越可能被淘汰，最终某种策略会保留下来，少量的个体是无法入侵整个群体的。

演化稳定策略用公式表示为：若博弈群体中的个体都具有相同的纯策略集 $S_i = \{S_1, S_2, S_3, \cdots, S_n\}$，则混合策略为 $S = \{(X_1, X_2, X_3, \cdots, X_n) \mid \sum X_i = 1, X_i \geqslant 0\}$，其中，$X_i$ 表示某一时刻群体采取第 i 个纯策略的概率，当满足 $\forall s \neq s^*$ 且 $s^* \in s$时，有 $f(s, s) \geqslant f(s^*, s)$，此外，当 $f(s, s) = f(s^*, s)$ 时，也有 $f(s, s^*) \geqslant f(s^*, s^*)$，则策略 s 是演化稳定策略。

复制者动态均衡是泰勒和琼勒（Taylor & Joner）在考察生态演化现象时初次提出的，是一种基于选择机制的确定性和非线性的演化博弈模型，并加入策略的随机变动，最终构成具有选择机制和突变机制的共同博弈模型。复制者动态模型分为离散模型和连续模型两类。离散模型用差分方程所表示，虽更贴近实际，但鉴于其难以求解，故采用连续模型，即用动态微分方程和相位图进行描述，以此表示不同群体策略随时间的变化率。动态微分方程可以表述为：$dx/dt = x(U_y - \overline{U})$，其中，x 表示群体中采取策略 y 的博弈方的比例，$U_y$ 为采取策略 Y 的期望收益，$\overline{U}$ 为所有博弈方的平均收益。

## 7.2 充电基础设施PPP模式博弈模型构建

### 7.2.1 博弈模型基本假设

本书针对充电基础设施 PPP 模式的参与主体，建立演化博弈模型，主要包括政府方和社会资本方。鉴于第 6 章我们识别出的影响充电基础设施 PPP 模式的重要因素为经济因素中的经济刺激因素，在此，我们将政府部门的行为分为提供激励措施和不提供激励措施，将社会资本方的行为分为采取积极合作行为和采用投机行为。对于政府和社会资本而言，在整个 PPP 模式应用过程中，参与双方均会根据对方的策略变化不断调整自身的策略，且在双方博弈过程中，无法做到信息完全对称和参与人完全理性，有鉴于此，政府部门和社会资本均无法通过单次博弈寻求到最优策略，必须在每一轮博弈中不断改进和完善自身的行为策略，因此，充电基础设施 PPP 模式为典型的演化博弈模型。我们做出下列假设。

假设 1：在充电基础设施 PPP 模式的博弈中，选取政府和社会资本两个最核心的利益相关体作为博弈的主体，不涉及其他的主体，且双方均为有限理性。

假设 2：为了模型简化，充电基础设施 PPP 模式博弈双方的策略空间：政府部门 $A=\{A_1, A_2\}=\{$激励，不激励$\}$，社会资本 $B=\{B_1, B_2\}=\{$投机行为，积极合作$\}$。

$A_1$ 指政府部门选择在项目初期加强补贴的引导、在项目运营过程中使用税收减免等经济激励手段，增加社会资本参与项目的积极性和盈利空间。

$A_2$ 指政府部门对社会资本的充电基础设施 PPP 项目不采取任何支持措施。

$B_1$ 指充电基础设施的投资和建设企业（即社会资本）为了谋求短期的利益，做出有损政府部门和 PPP 项目的行为。

$B_2$ 指充电基础设施的投资和建设企业（即社会资本）从长远利益出发，约束自身行为，严格按照 PPP 项目规程，与政府部门共同合作完成充电基础设施建设项目。

假设 3：博弈双方遵循自然选择的法则自行演化，不受外界因素的影响，最终目标是达到合作共赢。

假设 4：假定博弈初期，政府部门选择 $A_1$ 的概率为 x，选择

$A_2$ 的概率为 $1-x$；社会资本方选择 $B_1$ 的概率为 y，选择 $B_2$ 的概率为 $1-y$；x 与 y 都是时间 t 的函数，即 $x=x(t)$，$y=y(t)$。

## 7.2.2 博弈模型基本结构

通过上述假设可知，政府部门与社会资本的博弈行为总共分为四种情况：政府部门选择激励，社会资本选择投机行为；政府部门选择激励，社会资本选择积极合作；政府部门选择不激励，社会资本选择投机行为；政府部门选择不激励，社会资本选择积极合作。政府部门对社会资本的激励措施主要包括财政补贴、税收减免、提供担保以及信贷支持等，其目的是增加社会资本参与项目的积极性和盈利空间。此外，根据前面对充电基础设施PPP模式供给影响因素的分析，我们发现，政府方将政府监管列为政府治理因素中的最重要因素，即政府部门为了使社会资本进行合作以便给自身带来部分合作的额外收益，会对其激励行为进行监督，若社会资本在项目进行过程中采取投机行为，则政府部门会对其进行相应的惩罚措施。另外，当社会资本选择投机行为时，自身会得到一定的额外收益，而政府部门会有一部分的损失。具体演化博弈模型的支付矩阵如表7-1所示。

表7-1 演化博弈模型的支付矩阵

| 演化博弈方及选择策略 | | 社会资本 | |
|---|---|---|---|
| | | 投机行为 $B_1$（y） | 积极合作 $B_2$（1-y） |
| 政府部门 | 激励 $A_1$（x） | $G_o-G_i-C_m-C_e+G_p$，$S_o+S_e+S_i-C_p$ | $G_o-C_i-C_m+G_e$，$S_o+S_i$ |
| | 不激励 $A_2$（1-x） | $G_o-C_e$，$S_o+S_e$ | $G_o$，$S_o$ |

表7-1中，$G_0$ 和 $S_0$ 分别为该项目政府部门和社会资本的基

本收益；$C_i$为政府部门所付出的激励成本；$C_m$为政府部门实施“激励”策略时付出的监督成本；$C_e$为社会资本选择投机行为给政府部门带来的额外损失；$G_p$为政府部门在采用激励行为时惩罚社会资本进行投机行为的收益；$S_i$为社会资本受到政府部门的激励收益；$S_e$为社会资本进行投机行为的额外收益；$C_p$为社会资本受到政府部门惩罚的损失；$G_e$为社会资本选择合作给政府部门带来的额外收益。为了简化模型，我们假设：$G_p = C_p$，$C_i = S_i$，且 $G_p > C_i + C_m + C_e$，$C_p > S_e + S_i$。此外，在充电基础设施 PPP 模式的博弈中，社会资本为了追求短期的自身利益最大化而选择投机行为，必然会造成政府部门的利益受损，故而政府部门会对其进行必要的惩罚，使之按照 PPP 项目事先的规定章程，激励社会资本进行合作共赢，从而实现双方长期利益的共同最大化。为了实现充电基础设施 PPP 项目的良性合作，本书将通过对政府部门和社会资本的行为进行演化博弈分析，实现均衡策略。

## 7.3　博弈分析：博弈模型均衡解分析

由于市场上的行为主体无法做到完全理性，即参与主体无法通过单次博弈而达到纳什均衡，故而本书假设行为主体为有限理性，即参与主体需要通过多次博弈才能达到纳什均衡，而这样的博弈往往是动态的调整过程。有鉴于此，本书从演化博弈的角度出发对博弈模型的均衡解进行分析，从而实现充电基础设施 PPP 项目的良性合作，下面我们将对市场上的参与主体进行收益分析。

### 7.3.1　参与主体收益分析

政府选择“激励”和“不激励”策略所获得的期望收益分

别为 $U_{A_1}$ 和 $U_{A_2}$，获得的平均收益为 $U_A$，则：

$$U_{A_1}=y(G_o-C_i-C_m-C_e+G_p)+(1-y)(G_o-C_i-C_m+G_e) \tag{7-1}$$

$$U_{A_2}=y(G_o-C_e)+(1-y)G_o \tag{7-2}$$

$$U_A=xU_{A_1}+(1-x)U_{A_2} \tag{7-3}$$

社会资本选择“投机行为”和“积极合作”策略所获得的期望收益分别为 $U_{B_1}$ 和 $U_{B_2}$，获得的平均收益为 $U_B$，则：

$$U_{B_1}=x(S_o+S_e+S_i-C_p)+(1-x)(S_o+S_e) \tag{7-4}$$

$$U_{B_2}=x(S_o+S_i)+(1-x)S_o \tag{7-5}$$

$$U_B=yU_{B_1}+(1-y)U_{B_2} \tag{7-6}$$

### 7.3.2 复制动态方程分析

本书通过构建复制动态方程，建立政府部门和社会资本两者间的动态演化规律，从而更好地表示一种策略在整个博弈中被采用的次数。当政府部门或者社会资本采取一种策略的收益比平均收益高时，则选择该策略的比例将随着博弈的进行而上升，反之下降。根据复制动态方程的定义，政府选择“激励”策略的动态方程为：

$$F(x)=\frac{dx}{dt}=x(U_{A_1}-U_A)=x(1-x)(U_{A_1}-U_{A_2}) \tag{7-7}$$

将式（7-1）和式（7-2）代入式（7-7）得：

$$F(x)=x(1-x)(yG_p-yG_e+G_e-C_i-C_m) \tag{7-8}$$

就政府部门而言，当选择“激励”策略的收益比平均收益高时，即 $F(x)>0$，政府选择“激励”策略的比例会不断上升，从而市场无法达到均衡，要使其达到稳定状态，必须让该比例不变，即 $F(x)=0$，得均衡解 $y_D=(C_i+C_m-G_e)/$

$(G_p - G_e)$。鉴于前面已假设 $G_p > C_i + C_m + G_e > C_i + C_m$，当 $(C_i + C_m - G_e) > 0$ 且 $(G_p - G_e) > 0$，则有 $0 < y_D < 1$，此时 $F(x) = 0$ 恒成立，所有的 x 均处于稳定状态，即当社会资本选择“投机行为”的比例 $y_D = (C_i + C_m - G_e) / (G_p - G_e)$ 时，政府部门选择“激励”和“不激励”两种策略的收益是无差异的；若 $y < y_D$，即 $U_{A_1} - U_{A_2} < 0$，若 $F(x) = 0$ 仍成立，则需 $x^*0$ 或 $x^* = 1$，即为两个演化稳定策略。

综上所述，充电基础设施 PPP 项目的演化策略 $y_D = (C_i + C_m - G_e) / (G_p - G_e)$ 是 $x^* = 0$ 或 $x^* = 1$ 两个演化稳定策略的分界点，当政府部门实施“激励”策略的激励成本 $C_i$ 和监督成本 $C_m$ 越小，或因惩罚社会资本违规行为而获得的收益 $G_p$ 越大，则越靠近 $x^* = 1$ 的演化稳定策略，即政府部门采取“激励”策略的意愿越强；若政府部门实施“激励”策略的激励成本 $C_i$ 和监督成本 $C_m$ 越大，或因惩罚社会资本违规行为而获得的收益 $G_p$ 越小，则越靠近 $x^* = 0$ 的演化稳定策略，即政府部门采取“不激励”策略的意愿越强。

社会资本作为充电基础设施 PPP 项目的另一个参与主体，选择“投机行为”策略的动态方程为：

$$F(y) = \frac{dy}{dt} = y(U_{B_1} - U_B) = y(1-y)(U_{B_1} - U_{B_2}) \tag{7-9}$$

将式（7-4）和式（7-5）代入式（7-9）得：

$$F(y) = y(1-y)(S_e - xC_p) \tag{7-10}$$

就社会资本而言，当选择“投机行为”策略的收益比平均收益高时，即 $F(y) > 0$，社会资本选择“投机行为”策略的比例会不断上升，从而市场无法达到均衡，要使其达到稳定状态，必须让该比例不变，即 $F(y) = 0$，得出均衡解 $x_D =$

$S_e/C_p$。由于前面已假设 $C_p > S_e + S_i > S_e$，故 $0 < x_D < 1$，此时 F（y）=0 恒成立，所有的 y 均处于稳定状态，即当政府部门选择“激励”的比例 $x_D = S_e/C_p$ 时，社会资本选择“投机行为”和“积极合作”两种策略的收益是无差异的；若 $x < x_D$，即 $U_{B_1} - U_{B_2} < 0$，若 F（y）=0 仍成立，则需 $y^* = 0$ 或 $y^* = 1$，即为两个演化稳定策略。

综上所述，充电基础设施 PPP 项目的演化策略 $x_D = S_e/C_p$ 是 $y^* = 0$ 或 $y^* = 1$ 两个演化稳定策略的分界点，当社会资本选择“投机行为”策略 F（y）=0，额外收益 $S_e$ 越小，或因投机行为受到的惩罚 $C_p$ 越大，则越靠近 $y^* = 0$ 的演化稳定策略，即社会资本采取“积极合作”策略的意愿越强；若社会资本进行违规的额外收益 $S_e$ 越大，或因违规受到的惩罚 $C_p$ 越小，则越靠近 $y^* = 1$ 的演化稳定策略，即社会资本采取“投机行为”策略的意愿越强。

## 7.3.3 均衡点分析

由上述分析，根据复制动态方程 F（x）=0 和 F（y）=0 可以得到该系统在二维平面 $\{(x, y), 0 \leqslant x \leqslant 1, 0 \leqslant y \leqslant 1\}$ 上的五个均衡点 $E_1$（0，0），$E_2$（0，1），$E_3$（1，0），$E_4$（1，1），$E_5$（$x_D$，$y_D$），如图 7-3 所示，下面对五个均衡点进行逐一分析。

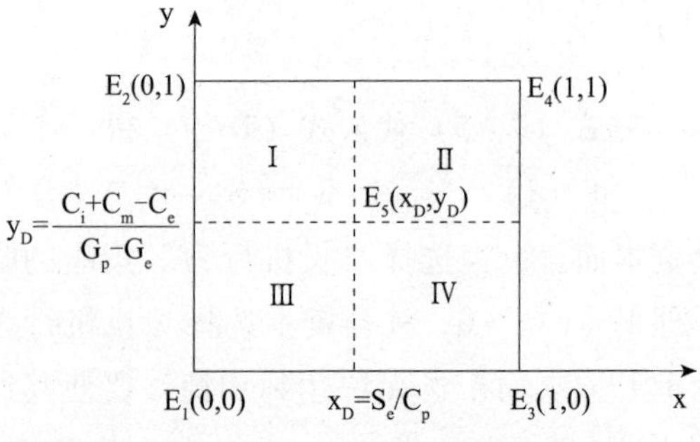


图 7-3　演化博弈区间及均衡点分布

均衡点 $E_1$（0，0）：表示政府部门选择“不激励”的策略，社会资本选择“积极合作”的策略。即政府部门出于自身成本考虑，并没有向 PPP 项目参与企业提供任何关于财政补贴、税收减免等激励政策，而社会资本此时仍选择积极合作，互利共赢。

均衡点 $E_2$（0，1）：表示政府部门选择“不激励”的策略，社会资本选择“投机行为”的策略。即政府部门对 PPP 项目参与企业无任何关于财政补贴、税收减免等激励政策，而社会资本此时选择投机行为，试图谋取额外收益。

均衡点 $E_3$（1，0）：表示政府部门选择“激励”的策略，社会资本选择“积极合作”的策略。即政府部门对 PPP 项目参与企业提供一定的财政补贴、税收减免等激励政策，而社会资本此时选择积极合作，互利共赢。

均衡点 $E_4$（1，1）：表示政府部门选择“激励”的策略，社会资本选择“投机行为”的策略。即政府部门对 PPP 项目参与企业提供一定的财政补贴、税收减免等激励政策，而社会资本此时选择投机行为，试图谋取额外收益。

均衡点 $E_5$（$x_D$，$y_D$）：为鞍点，即政府部门和社会资本的选择具有不确定性，必须经过长期反复的博弈才能趋向于最终的稳定策略。

### 7.3.4　均衡点稳定性分析

为了分析最终演化的均衡状态，我们通过雅克比矩阵来探究系统的局部稳定性，对 F（x）和 F（y）分别求偏导，得到雅克比矩阵：

$$J = \begin{bmatrix} \frac{\partial F(x)}{\partial x} & \frac{\partial F(x)}{\partial y} \\ \frac{\partial F(y)}{\partial x} & \frac{\partial F(y)}{\partial y} \end{bmatrix} \qquad (7-11)$$

其中：

$$\frac{\partial F(x)}{\partial x} = (1-2x)(yG_p - yG_e + G_e - C_i - C_m) \tag{7-12}$$

$$\frac{\partial F(x)}{\partial y} = x(1-x)(G_p - G_e) \tag{7-13}$$

$$\frac{\partial F(y)}{\partial x} = y(y-1)C_p \tag{7-14}$$

$$\frac{\partial F(y)}{\partial y} = (1-2y)(S_e - xC_p) \tag{7-15}$$

将式（7－12）～式（7－15）代入雅克比矩阵，则式（7－11）重新写为：

$$J = \begin{bmatrix} (1-2x)(yG_p - yG_e + G_e - C_i - C_m) & x(1-x)(G_p - G_e) \\ y(y-1)C_p & (1-2y)(S_e - xC_p) \end{bmatrix} \tag{7-16}$$

雅各比矩阵 J 的行列式记为 Det（J），矩阵 J 的迹记为 Tr（J），那么有：

$$\begin{aligned} \mathrm{Det}(J) &= \frac{\partial F(x)}{\partial x} \times \frac{\partial F(y)}{\partial y} - \frac{\partial F(x)}{\partial x} \times \frac{\partial F(x)}{\partial y} \\ &= (1-2x)(yG_p - yG_e + G_e - C_i - C_m) \times \\ &\quad (1-2y)(S_e - xC_p) - y(y-1)C_p \times \\ &\quad x(1-x)(G_p - G_e) \end{aligned} \tag{7-17}$$

$$\begin{aligned} \mathrm{Tr}(J) &= \frac{\partial F(x)}{\partial x} + \frac{\partial F(y)}{\partial y} \\ &= (1-2x)(yG_p - yG_e + G_e - C_i - C_m) + \\ &\quad (1-2y)(S_e - xC_p) \end{aligned} \tag{7-18}$$

对于模型的均衡点而言，当且仅当雅各比矩阵满足 Det（J）>0 且 Tr（J）<0 时，该均衡点才会处于局部渐进的稳定状态，即演化均衡，否则，将是非稳定状态。利用雅克比矩阵分析上述五个局部均衡点的稳定性情况，如表 7－2 所示。

表 7-2　局部稳定性分析结果

| 均衡点 | Det（J） | Tr（J） | Det（J）符号 | Tr（J）符号 | 结果 |
| --- | --- | --- | --- | --- | --- |
| $E_1$（0，0） | $(G_e - C_i - C_m) \times S_e$ | $(G_e - C_i - C_m) - S_e$ | + | ± | 不稳定 |
| $E_2$（0，1） | $-(G_p - C_i - C_m) \times S_e$ | $(G_p - C_i - C_m) - S_e$ | − | ± | 鞍点 |
| $E_3$（1，0） | $(G_e - C_i - C_m) \times (C_p - S_e)$ | $(C_i + C_m - G_e) + (S_e - C_p)$ | + | − | ESS |
| $E_4$（1，1） | $(G_p - C_i - C_m) \times (S_e - C_p)$ | $C_i + C_m - S_e$ | − | ± | 鞍点 |
| $E_5$（$X_D$，$Y_D$） | / | / | / | 0 | 中心点 |

有鉴于前面假设 $G_e > C_i + C_m$ 且 $C_p > S_e$，故 $(G_e - C_i - C_m) \times (C_p - S_e) > 0$ 且 $(C_i + C_m - G_e) + (S_e - C_p) < 0$，可以看出，$E_3$（1，0）是充电基础设施 PPP 项目演化博弈的稳定策略，即在充电基础设施 PPP 项目实施过程中，政府部分采取税收减免、财政补贴等激励措施，社会资本采取积极合作的策略，才能使演化博弈向演化稳定策略发展。由于 $G_e > C_i + C_m$，故 $y_D = (C_i + C_m - G_e) / (G_p - G_e)$ 不在（0，1）区间，因此，演化博弈区间图由四区间变为二区间，如图 7-4 所示。

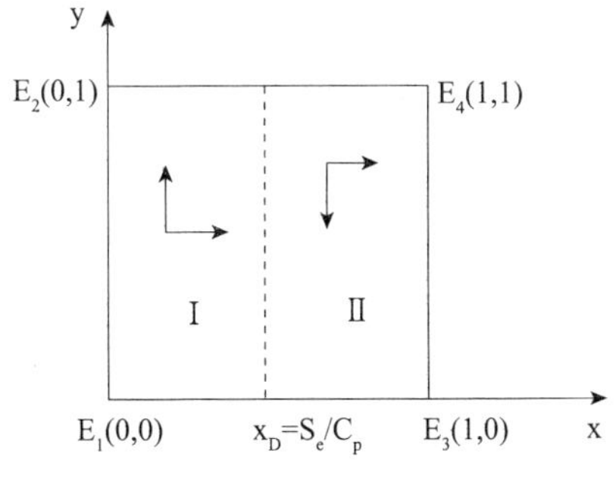


图 7-4　充电基础设施 PPP 模式的演化博弈相位图

由图 7-4 可以看出，当初始状态落在区间 I 时，会收敛到均衡点 $E_4$（1，1），即政府部门采取税收减免、财政补贴等激励措施，而社会资本采取投机行为的模式，这显然不是政府部门所期待的策略。为了达到“政府激励，社会资本积极合作”的互利共赢的 PPP 模式，必须使演化博弈向着 $E_3$（1，0）均衡点发展，即需要初始状态尽可能地落在区间Ⅱ，此时，必须让分界线 $x_D = S_e/C_p$ 左移，使区间Ⅱ增大，即减少社会资本因投机行为而获得的额外收益 $S_e$，或增加政府部门的惩罚力度，从而增加社会资本因投机行为的违规成本 $C_p$。

## 7.4 博弈均衡结果分析

在 PPP 模式下，充电基础设施供给的参与方主要有政府部门、社会资本和公众，而政府部门和社会资本是核心参与主体。本书通过演化博弈理论，结合第 6 章识别出的重要影响因素，对政府部门和社会资本的行为进行了分析与讨论，发现合作共赢是 PPP 模式构建的最终目标，并基于此构建了“激励—合作”演化博弈模型。就政府部门而言，一方面应该增加对社会资本违规的处罚力度；另一方面应该尽量降低监督成本，并运用各类激励手段，引导社会资本积极合作。就社会资本而言，一方面要提高企业自身的管理水平和建设效率，引进先进的技术和人才，为双方合作共赢提供保障；另一方面应该按照充电基础设施 PPP 项目相关的章程和规定，在整个项目进行过程中严格约束自己的行为，实施精细化的管理保证项目的顺利完成。

### 7.4.1 政府策略分析

由前面分析可知，政府部门在充电基础设施供给中的角色定位有两个：一是项目合作的利益方，即在合作过程中在法律规定范围内为公众提供基本的充电公共品和公共服务的职能；二是项目实施的监管者，即对 PPP 项目各方参与者的各类环节进行监督和管理。由于我国改革开放和社会发展中存在市场经济不完善、市场秩序不规范等问题，一些社会资本缺乏诚信意识，经常违规，故而需要政府部门在PPP项目实施过程中，对社会资本进行规范和制约。同时，政府监管也要符合市场经济发展的规律，要做到科学有效地监管才能保证项目达到最终的预期。此外，在充电基础设施PPP项目中，市场参与主体众多，资质参差不齐，监管难度较大，故而需要利用现代化的监管模式，提升监管效率，降低监管成本。因此，政府部门将承担主导合作方向、促进项目运行及监督管理的职能。

在整个充电基础设施PPP项目的过程中，政府部门作为社会公众的服务机构，有责任通过一定的税收减免及财政补贴等经济刺激政策来引导新兴产业、绿色产业的发展，而为电动汽车提供动力来源的充电基础设施项目正是顺应了时代发展的要求，为经济的可持续发展和居民生活质量的改善提供重要保障。具体而言，我们可以从项目计划阶段、项目执行阶段和项目移交阶段三个方面进行分析。

项目计划阶段，政府相关部门应该充分了解电动汽车充电桩建设项目，并与城市的总体规划如智慧城市、生态城市建设结合实施，通过竞标等手段筛选出优质的社会资本，为整个PPP项目的高质量建设提供保障。由于整个PPP项目结构复杂、投资金额大、建设周期长，一般的社会资本参与意愿不高，因此，政府部门可以采取一定的激励措施引导优质社会资本的加入。例如，在材料审批和项目采购阶段开辟绿色通道，对资金周转困难的社会资本提供一定的财政补贴和税收减免政策。同时，政府部门也要对社会资本进行一定的约束与监督，对项目资质和竞标材料弄虚作假的，给予严格的处罚，未雨绸缪，谨防在后续的合作中出现各种问题。

项目执行阶段，首先，政府相关部门应该设立专门的监管部门，对 PPP 项目各参与者的各类环节进行监督和管理，特别要对项目的资金流向和工程质量进行实时监控，保证整个 PPP 项目正常有序地进行，所涉及总的监督成本为 $C_m$，这里包括了政府成立监管部门所有的建设费、人工费和管理费。其次，政府部门对于那些违规挪用资金和间接分包项目的社会资本及项目公司，也要给予一定的惩罚 $C_p$，包括了对社会资本进行资金上的惩罚和部分权利的限制及收回。最后，政府部门也应该根据整个 PPP 项目的规模及进展，给予社会资本一定的激励措施 $C_i$，包括了对整个电动汽车充电桩建设项目的财政补贴和税收减免等资金上的支持，对社会资本及所属的项目公司给予公开的表彰及颁发荣誉证书，以及其他的优惠政策，从而激励社会资本在整个充电桩建设项目上积极合作，按质按时完成充电基础设施 PPP 项目的建设。

项目移交阶段，社会资本按照 PPP 项目的合同规定将电动汽车充电桩建设项目移交给政府部门，政府委派专人或第三方检测机构对整个项目的质量进行审查与验收，并根据绩效考核办法，若社会资本按照规定完成项目，政府部门则给予一定的奖励，若社会资本对验收材料作假，对电动车充电桩的质量偷工减料，政府部门则给予一定的处罚，包括取消承包企业的项目资质及对其进行资金处罚，对相关责任人依法追究其法律责任等。

### 7.4.2 社会资本策略分析

社会资本方作为充电基础设施 PPP 模式的另一参与主体，在选择是否参与的过程中，不仅受到自身因素、行业背景和经济形势的制约，还取决于整个项目完成后的收益及国家政策支持力度和公众对该项目的参与程度。倘若社会资本选择进入整个充电基础设施 PPP 项目的建设，则有责任通过自身先进的管理水平和成熟的技术优势，并与政府部门积极合作来完成电动汽车的充电桩项目建设。具体而言，我们也从项目选择阶段、项目执行阶段和项目移交阶段三个方面进行分析。

项目选择阶段，社会资本可以组建自身的专家团队，对政府部门公开招标的充电基础设施 PPP 项目进行分析论证，这里包括了社会资本参与充电基础设施 PPP 项目建设所具备的资金、技术及管理投入，而这些均是社会资本方参与该项目的先决条件。另外，还需考虑该项目所属的行业背景及目前的经济形势，整个项目完成后的收益及国家政策支持力度和公众对该项目的参与程度。相较于政府的公益性而言，社会资本仍是以自身利益最大化为目标的，若整个项目无法盈利，甚至出现亏损，则社会资本将不会参与其中。

项目执行阶段，社会资本作为充电基础设施 PPP 项目的主要建设方，在项目实施前要做好 PPP 项目的规范化管理，并集中优势建设团队，采用先进的技术和方法，提高建设质量，降低建设成本，切勿通过投机等违规手段降低工程质量来谋求额外收益，要始终与政府部门及 PPP 项目其他各方进行积极合作，资源和信息共享，保证项目建设的顺利完成。当项目进入运营阶段时，社会资本将作为充电基础设施的供应方，而公众则是该项目的使用方。因此，社会资本要对项目进行精细化管理，有效提高项目的运营质量和服务品质，要努力打造专业化的服务团队，定制个性化的服务模式，这样才能扩大该项目的使用范围，提升企业的信用水平，从而提高企业的利润。

项目移交阶段，社会资本应对整个项目所涉及的所有充电基础设施进行全面检修，保证符合移交规定，并整理好所有的移交材料，按照 PPP 合同规定，与政府部门相关人员进行定期移交。

总之，政府部门、社会资本是充电基础设施 PPP 项目的核心行为主体，具有各自的行为方式和行为目标。政府部门的优势在于能通过制定相应的政策激励和法律规定来引导和制约社会资本的经济行为，但缺乏针对具体项目实施的人力、物力和财力。社会资本具有先进的管理、成熟的技术、专业的人才以及雄厚的资金，正好弥补政府部门的劣势，但社会资本方以追求利润最大化为目的，故而必须对其加以约束。因此，只有双方积极合作，才能更好地实现资源的有效配置，最大限度地满足公众需求，保障社会经济的可持续发展。

## 7.5 本章小结

本章对政府方和社会资本方之间的主要博弈关系进行梳理，结合前面已识别出的重要影响因素，进一步构建相关主体的博弈关系网，使参与主体成为影响因素的载体。构建了基于重要影响因素作用下的充电基础设施 PPP 模式参与主体间的“激励—合作”演化博弈关系模型，将政府部门的行为分为提供激励措施和不提供激励措施，社会资本方分为采取积极合作行为和采用投机行为，发现合作共赢是 PPP 模式构建的最终目标。政府部门应该建立全生命周期财政激励机制，在项目初期加强补贴的引导、在项目运营过程中使用税收减免等经济激励手段，增加社会资本参与项目的积极性和盈利空间，促进 PPP 模式在我国充电基础设施领域的良性发展，达到与社会资本的合作共赢，同时，必须减少社会资本因投机行为而获得的额外收益或者增加政府部门的惩罚力度，从而增加社会资本因投机行为的违规成本。就社会资本而言，一方面要提高企业自身的管理水平和建设效率，引进先进的技术和人才，为双方合作共赢提供保障；另一方面应该按照 PPP 项目相关的章程和规定，实施精细化的管理，在整个项目进行过程中严格约束自己的行为，保证项目的顺利完成。

# 第 8 章　充电基础设施供给 PPP 模式规范发展的政策保障

在文献综述、定量分析以及博弈分析的基础上，从政府、社会资本方、中介机构等层面提出促进我国充电基础设施 PPP 模式规范运行的政策建议，为充电基础设施 PPP 模式供给的推广提供参考。

## 8.1　充电基础设施供给 PPP 模式的政府保障

在充电基础设施投资窗口即将打开、布局加快的进程中，结合前面对现阶段充电基础设施 PPP 模式供给的重要影响因素的鉴别分析，以及演化博弈均衡的策略分析，发现政府的经济刺激引导作用不容小觑。政府要积极接受 PPP 合作理念，在充电基础设施建设主体间构建一个可持续的合作关系，不断提升服务意识。特别是在经济手段方面，根据前述经济影响因素作用的重要程度，政府需要着重规范政府财政工具的使用，主要包括税收政策的规范和支出政策的完善。

### 8.1.1　健全充电基础设施 PPP 模式的税收政策

税收刺激政策虽然是社会资本主体参与充电基础设施 PPP 项目的外生变量，但是税负的大小却直接影响着充电基础设施 PPP 项目运营成本、充电服务的价格以及项目收益，因此，税收政策在 PPP 模式与充电基础设施建设的契约合作中将发挥较大的调节作用，是调整充电基础设施外部效应的重要手段，是弥补充电基础设施供给不足和激发市场活力的引擎，也是政府方和社会资本方目前比较关注的重要影响因素之一。

充电基础设施 PPP 项目具有公益性，而社会资本的参与要求获取合理的回报，适当的税收政策支持可以降低项目运营成本和风险，提高资源配置效率，为合作创造良好的政策环境，进而有效地提供优质的充电基础设施。当前，充电基础设施 PPP 项目涉及的税收政策主要为 PPP 项目企业所得税优惠政策，如公共基础设施项目减免企业所得税政策、投资抵免企业所得税政策、经营期间项目公司股利分配的所得税政策等，此外，还包括增值税优惠、耕地占用税、土地使用税、契税等。然而，当前的税收政策存在激励指向并不明确、政策不稳定、衔接不到位、精细化程度不足、税收优惠政策陈旧以及政策协调程度较低等诸多问题，甚至 PPP 投资的税收法律关系模糊，为社会资本进入带来诸多障碍，井喷式增长的电动汽车的充电需求难以有效满足，电动汽车在终端市场的竞争力也在削弱，该行业的规模发展也被限制。当前，税收政策运行中存在的问题如下。

（1）立法层次低，公平性缺失。目前，我国 PPP 项目的涉税政策还是零散的、片段的，与充电基础设施 PPP 项目相关的税务处理散布于多个税种的诸多文件中，集中在企业所得税、增值税、耕地占用税、土地使用税、契税，涉及政府和社会资本间转让股权或资产交易过程的税收优惠以及投资抵免政策等。由于我国尚未制定专门的法规政策来解决 PPP 项目的涉税问题，为了鼓励社会资本参与充电基础设施建设 PPP 项目，现阶段只能比照适用某些既有的税收法规及政策措施，因此，在项目成立、建设、运营、移交的全生命周期中，税收政策的执行将面临诸多障碍。

充电基础设施不仅用来满足小范围、区域性的充电需要，也将面临跨省域电子化高速公路沿途的充电需求，因此，亟须根据充电基础设施受益范围的大小，确定 PPP 项目实施中税收政策的对象。特别是在税收减免政策方面，一律全免或全减的做法，忽视了建设运营环节中地方政府与中央政府支出责任的区别。如在对地方性充电基础设施 PPP 项目实施税收减免相关政策时，减免的应是地方税或共享税中属于地方享有的部分，而非减免其中属于中央政府享有的税收，否则将构成中央对地方的转移支付，与事权和支出责任相对应的现代财税体制相背离，引致新的不公平，即越是相对发达的地区，充电基础设施 PPP 项目相对越多，享受中央在此地区减免税收也越多，加大了税收的扭曲效应。从企业规模看，当前参与充电基础设施建设 PPP 项目的都是类似国家电网等有实力的大企业，中小企业的参与度相对较低，因此，只有少数企业通过 PPP 项目的方式享受到相应的税收优惠政策，这对市场其他主体而言有失公平。

（2）模糊地带多，精细化不足。在课税对象的确定方面，涉及充电基础设施 PPP 项目中对社会资本所获政府补贴的征税方面，目前尚未有明确规定，容易陷入无章可依的灰色地带。如在充电基础设施 PPP 项目的建设环节，政府对社会资本提供投资补助根据《财政部国家税务总局关于专项用途财政性资金企业所得税处理问题的通知》的文件规定，可以认定为不需要征税。然而，政府如果在项目运营阶段向社会资本方提供了价格补贴，根据该文件从形式上可能会认定价格补贴属于不征税收入，但实际上，充电基础设施 PPP 项目的充电服务费及电费等都实行的是政府指导定价，价格补贴是通过社会资本最终给予消费者的收益让渡，社会资本并没有从价格补贴中获益，因此价格补贴的收入应当属于征税收入。随着充电基础设施的建成营运，参与充电基础设施建设运营的社会资本，在获得项目公司中政府股东让渡的股利时，对这部分超比例分红的性质如何认定，暂无明确规定。此外，税收政策对分时租赁等充电基础设施新兴业态的兴起也尚未覆盖。

重复征税或有发生。充电基础设施建设 PPP 模式在具体操作中，除 BOT 外，有多种实现形式，且大多存在资产或股权的转移，这些转移在实务中可能涉及流转税、企业所得税或者两者皆有，如果不对这些转移的实质从税务的角度进行明确，可能给社会资本方带来潜在的税务风险或者使项目发起方承担不必要的税务成本，进而加重地方政府的财政负担。以 TOT 为例，存量资产项目将会在政府和社会资本之间发生两次转让，由于没有可供抵扣的增值税发票，有可能会存在重复征税的问题。此外，在出售回租模式下，如果特许经营期远超过有关资产的经济寿命时，资产所有权如何处理问题，以及 PPP 项目未抵扣完的进项税能否申请税收返还等也还没有明确的规定。

（3）税收优惠政策陈旧，针对性欠缺。PPP 税收优惠的提法，最早出现在 2015 年 5 月财政部、发展改革委、人民银行三部委联合发布《关于在公共服务领域推广政府和社会资本合作模式的指导意见》中，其中提出公共服务项目采取政府和社会资本合作（PPP）模式的，可按规定享受相关税收优惠政策，但目前尚没有具体实施方案，优惠力度有限，可操作性不强。而参与充电基础设施建设的社会资本方目前可享受的所得税及增值税优惠政策，仍是为应对 2008 年欧美金融危机而制定的条款，目的是激励企业参与投资基础设施项目，拉动经济增长。由于政策背景不同，类似的优惠政策并不是针对 PPP 模式的运用而出台的，衔接不畅，存在如下问题：优惠覆盖范围有限，有的项目并未享受到鼓励企业投资的税收优惠政策，如企业所得税的“三免三减半”政策中的优惠目录对电动汽车充电设施等新兴行业的覆盖不足；税收优惠方式的选择较为单一；政策优惠期有限，而充电基础设施 PPP 项目多是投资规模大、回收周期长的项目，不能充分享受税收优惠带来的福利。

（4）政策协调程度较低，系统性欠佳。在充电基础设施适度先行的战略格局下，虽然中央层面的目标明确，但是在地方具体项目的实施过程中，税收政策的有效发挥，有赖于政策内部的优化设计以及财政、金融、能源等政策的协调搭配。目前在充电基础设施建设领域中，财政补贴效应明显强于税收支持效应，但在电动车产业链的补贴方面，由于财政补贴的定向性差，骗补事件频发；相关的金融政策还未能跟上，项目初期融资困难重重，配套政策较为缺失；土地使用、电网协调、物业管理、盈利困难、利用率不均衡等问题不容小觑；各种政策的缺失和交织亟待有效解决。

鉴于上述问题的存在以及税收政策在充电基础设施 PPP 项目中的重要性，为促进该领域的有序发展，相关的税收政策需要从以下几方面完善。

（1）建章立制，降低税收扭曲效应。通过 PPP 模式将社会资本引入充电基础设施建设的公共服务领域后，当务之急是明确充电基础设施 PPP 项目的涉税品种并加强征管和提高政策的可操作性，考虑到立法进程相对缓慢，不妨先对相应的税收法规进行维护、修订和补充，采取相应的政策措施来平衡社会资本合理诉求与公共利益有效保障之间的关系，平衡“公共福利”与“税收扭曲”的关系，平衡中央与地方的责权利。长期看来，要积极配合税收法定原则的落实，从不断增进公众福祉的角度设立新的税种，如碳税等。即将展开的充电基础设施大建设，参与方势必多元化，各方利益诉求不一，交易结构复杂，再加投资规模巨大，因此，PPP 税收法规制度的顶层设计及税务处理指南的制定将成为决定项目发展的重要因素。在未实施新制度前，遵循现有税收制度，加强 PPP 项目全生命周期的税收政策调节，从项目设立初期的出资方式、组织形式的确立到项目运营、收益分配及期满移交的资产转让，尽量避免税收扭曲效应的发生，如可以实施 PPP 投资进项税退税制度、加大充电基础设施存量项目转化成 PPP 项目的税收支持力度等。此外，在税收征收管理方面，随着 2018 年 3 月 21 日《深化党和国家机构改革方案》的颁布实施，国税地税征管体制改革有序推进，省级和省级以下国税地税机构合并，将逐步统一征管制度，减少自由裁量权。

（2）分类处理涉税政府支出。政府在充电基础设施建设初始的参与扶持将有利于降低成本，形成规模经济，引导市场需求，使企业克服充电基础设施建设发展中的盲目性和无序性，推动充电基础设施技术革新，有效降低充电基础设施投资与运营风险。各级政府会通过经济手段，特别是支出手段来促进 PPP 模式在充电基础设施领域的应用，主要包括：政府投资补贴、贷款贴息、价格补贴，以及无偿划拨土地、让渡项目公司中政府股东全部或部分分红权等。对于这些政府的补助性支出，应分类进行税务处理，具体问题具体分析，如对其中社会资本取得的政府付费、财政补贴、投资补助等部分可以认定为不征税收入。社会资本在参与充电基础设施 PPP 项目建设过程中，应当寻求专业机构的合作，特别是在确定税收返还额度、财政资金发放或税收减免时，需要结合自身具体情况与当地有关部门进行充分的沟通，并争取获得相关书面协议，减少模糊事件的发生。

（3）建立有区别的动态税收优惠政策。充电基础设施 PPP

项目涉及准公共产品的生产，与公共利益密切相关。电价和充电服务费用一般实施政府指导定价，社会资本参与方难以根据供求来调整供给价格。为了使项目取得合理的收益，需要政府在给予合理的补助之外，实施一定程度的税收优惠。当前的优惠方向应聚焦于流转税，特别是政府和社会资本之间转让资产的交易环节。

从纳税环节看，财政部《关于支持政府和社会资本合作（PPP）模式的税收优惠政策的建议》已经进入征求意见阶段，相关的税收优惠主要将针对 PPP 项目公司成立阶段和执行到期阶段资产交易转让两个环节进行税收优惠，维持税收中性。从区域角度看，税收优惠需要根据国家推行充电基础设施分区域的规划，因地制宜，对加快发展地区、示范推广地区和积极促进地区有区别地施行税收优惠，企业还可以通过税收返还等方式获得税收减免。从项目性质的角度看，对非经营性项目的税收优惠应该最大，而对准经营性项目和经营性项目的税收优惠依次降低。从市场竞争力的角度，伴随着该产业竞争力的增强，考虑到充电基础设施 PPP 项目的长期性和兼容性，动态调节的税收优惠政策设计和安排也应当逐步完善，一旦该市场发育成熟，就应靠市场机制发挥作用，支持性的税收政策就应该淡出，退出机制也要提早安排。从优惠方式角度看，综合运用税收豁免、纳税扣除、税收抵免、优惠税率、延期纳税、盈亏相抵、加速折旧以及退税等税式支出的多种形式来完善税收优惠的相关制度。从优惠力度看，加大税收支持力度，增强激励政策，降低经营成本和投资风险，保障社会资本的合理回报，提高其积极性。当然，税收优惠也要有度，保证充电基础设施的社会资本参与方“盈利但不暴利”，有效满足充电服务的需求。此外，税收优惠政策的精细化不仅可以促进充电基础设施 PPP 项目的“财务平衡”，而且可以给予该类市场稳定的政策预期，使社会资本形成稳定的收益预期，降低风险，提升信心，促进绿色低碳交通的发展。

(4) 构建多层次的协调配套政策体系。从政策体系优化角度看，充电基础设施 PPP 项目领域税收政策要与财政、金融、产业发展以及行政管理政策统筹优化协调，形成合力，弱化矛盾冲突，共同促进充电基础设施 PPP 项目的有序发展，实现政府和社会资本的合作共赢，为社会提供优质的充电服务，满足现阶段的充电需求。在财政政策方面，积极探索建立以充电量为基准的奖励补贴政策，降低充电服务费用，打击“骗补”行为；除财政补贴外，充电基础设施 PPP 项目还将涉及土地的供给划拨，对新建或既有建筑物配建充电设施，也应给予用地方面的财政政策支持。在金融政策领域，伴随投融资体制改革的深化，投融资方式也更趋多元化，由于税收是投融资中不可忽视的成本，因此，支持投融资的税收政策也急需跟进；绿色消费信贷平台的搭建也将为充电基础设施 PPP 项目提供资金来源。与此同时，从产业链发展的角度，税收政策可以从充电基础设施的源头开始，对电动汽车产业链上游研发环节的税收政策给予关注，通过税收优惠促进市场发育，重视设计生产性价比高的电动汽车，加强对技术进步、信息收集、能源供给、电动汽车推广以及绿色交通发展等领域的支持。

除以上四方面外，在合作项目的整个生命周期中，税收政策相关领域的顶层设计和精细化操作还有待优化，服务监管意识均需加强，为即将步入快速发展的充电基础设施建设 PPP 项目创造良好的税收政策环境，最终服务于社会经济的绿色发展。

### 8.1.2　健全充电基础设施 PPP 模式的财政支出政策

PPP 模式规范应用于充电基础设施中的本质是为全社会提

供低价优质的电动汽车充电服务。然而，充电基础设施供给中市场失灵难以避免，政府的有效干预将促进资源配置帕累托最优的形成，提升社会福利的总水平。财政支出政策是政府干预的主要经济手段。

首先，要合理划分各投资主体的事权和财权，明确中央和地方政府、地方各政府之间以及政府和社会资本参与方间的责权关系。中央政府主要负责标准制定、基础科技研发以及跨省高速公路沿线充电基础设施布局建设的支出责任。地方政府则主要承担所辖区域内充电基础设施布局建设的支出，可通过大数据对所辖区域电动汽车出行数据的挖掘，分析有效的充电服务半径，合理布局充电基础设施，防止盲目重复建设。就单个项目而言，地方政府则要首先判断是否采用 PPP 模式代替传统投资支出的方式，由于各地财力状况不一，财政部门要首先保障公共资源下的充电基础设施的配套，如公交、工业园区等，还可与已有良好布局的石油、石化、电网企业合作，在原有的加油加气站旁合作建设充电基础设施。至于私人充电设施，可直接对电动汽车拥有者提供财政补贴或加强与小区物业的合作，在小区停车场所建设或预留充电桩，可借鉴有线电视或网络初装等模式，减免安装费用，甚至免费提供充放电一体机，促成消费终端资源化，完善电动汽车使用者节约能源的参与机制。

其次，财政补贴支出可以更好地维持 PPP 的公益性，既可以降低社会资本承担的风险，也可以适度解决收益不稳定、不充足等问题，从而充分调动社会资本参与项目的积极性，为社会提供优质稳定且充足的充电服务，并使充电基础设施的正外部效应内在化。当然，财政补贴也不可滥用，需要区分政策性亏损与经营性亏损，补贴不仅要考虑社会效益还应切实兼顾财政的可承受能力，纳入预算管理。财政补贴的方向主要有对供给侧和需求侧的补贴两种，具体的方式有财政付费和可行性缺口补助。充电基础设施PPP项目的落地实施需要财政支出综合采用投资补贴、价格补贴、转移支付等方式的支持，设置合理、灵活的政府补贴机制，逐步实现从“补建设”向“补运营”、从“前补助”向“后奖励”的转变，如可以鼓励地方政府建立以充电量为基准的奖补政策，降低电动汽车消费者的用车成本。此外，还需关注中央与地方、各地方间的互补协调机制，避免重复。

再次，在政府购买方面，一方面需要继续完善优质采购平台的搭建，通过公开招标等方式选择有实力、有资质的社会资本方；另一方面对于购买价格等公共定价机制的完善也迫在眉睫。充电基础设施建设PPP项目利益分配的基础之一就是公共定价机制的完善，具体到项目签约过程中，政府应该做好先期规划，预估好未来充电电量等重要指标以及根据一般物价因素和特殊因素调整充电服务单价，综合考虑充电设施建设运营成本和碳减排等环境因素，约定详细的充电服务费单价的定价模型、调价方法、公式和程序，有区别地采用二部定价法、平均成本定价法等公共定价方法。目前，充电基础设施项目的准入、牌照、全成本的价格都尚没有统一的标准，亟须规范。

最后，大多数地方政府对PPP模式的认知仍停留在资金融通功能，在缓解地方财政支出压力后缺少对PPP项目全过程的保障监管。地方政府在PPP模式应用于充电基础设施建设的领域可能存在多头管理，有的以建设主管单位为首，有的以运营管理单位为主，有的以城市管理单位为主。管理主体的不明确导致政出多门，管理职责较差，易形成真空地带，且某些制度缺乏连续性。因此，需要不断完善制度建设，建立合适的风险分担机制、收益分配机制、激励约束机制、加强全生命周期的监督管理。特别是在项目初始阶段，落实财政补贴激励。为了加快项目的落地，政府可以为拟参与项目的社会资本提供多层次的补贴，包括中央预算投资、中央财政示范项目补贴，还包括省市一级政府财政专项补贴等。

总之，政府应当转变观念，整体谋划，学会替社会资本的投资回报操心，创造良好的社会环境、鼓励、支持、引导混合经济的发展，从准入门槛到融资支持、从财政支持到定期会商、从平台管理到完善问责，循序渐进、精耕细作、减速慢行的推进PPP，使其成为推动政府机制创新的发动机和加速器。此外，政府要重视契约精神，提高政府信誉度，提供全方位的充电服务，执行可考核、可监管、可操作的项目综合信息平台以及评价指标体系，建立合理的风险分担机制、完善合同体系和监管架构、避免企业追求高利润而忽视公共利益，审慎控制新建充电基础设施PPP项目的规模。

## 8.2 充电基础设施供给PPP模式的社会资本方运作保障

随着政府各层面激励政策的出台，电动汽车充电基础设施的社会资本参与度不断提高。我国存在国有企业、集体企业和私营企业等不同性质的社会资本，不同性质的社会资本均可借助PPP模式通过可行性分析、立项、招投标、建设运营等全生命周期的设计，参与充电基础设施的建设和运营，明确合作的边界、健全风险评估体系、规避市场风险、技术风险、政府风险等，同时，完善PPP模式应用的退出机制，发挥社会资本的优势，提升项目经营管理的效率，最终满足不同类型社会资本的诉求。

从微观层面的企业看，由于各类型企业自身的长短板不一，并不都能在PPP模式中发挥巨大的作用。与政府关系密切、上层结构建设相对比较完善的国企以及上市公司，在PPP融资方面较有优势。据PPP项目咨询服务机构荣邦瑞明提供数据显示，2015年1月至2017年11月，不同所有制性质社会资本成交PPP项目数量占比中，央企和地方国企近三年来的项目数量占比分别为32.8%、46.5%、52.1%，投资规模占比高达53.6%、76%、80.6%。让PPP模式和国有企业以及“混合所有制经济改革”协同发展，既可以突破政策限制，使国企放手进入PPP模式，又可以将其他非公有制成分的企业融入充电基础设施项目的建设。但随着2017年11月国资委《关于加强中央企业PPP业务风险管控的通知》的颁布实施，PPP业务监管再度强化，为了有效防风险、去杠杆，不仅对央企参与PPP项目实行了总量管控，而且还从严设定了PPP业务准入条件、规模和方向。在总量、融资双重受限的情况下，倒逼央企注重项目全生命周期管理和PPP项目的绩效提升。与此同时，地方国企在参与充电基础设施PPP项目中，倾向于在注册地区域范围内竞争，大多尚未实现跨区域的突破，绝大多数地方国企仍依赖在本省范围内参与较低层级政府的PPP项目来获得业务；并且地方国企和当地政府在PPP项目合作过程中更多地依赖非正式协商来解决问题，风险边界较为模糊，导致合同执行和绩效考核的模糊化。

此外，一些单纯靠技术优势存在的中小企业和民营企业，很难在PPP上发挥大的优势。一是由于这些中小企业和政府合作中双方地位不对等，担心政府换届可能带来的PPP项目后续付费难、执行难的问题；二是在有些资格预审文件和项目采购文件中对该类企业设置差别、歧视性条款；三是该类企业融资成本较高、周期较长、很难与国企竞争等。这些中小技术公司应该团结在大的做 PPP 的投资运营公司中间，形成好的互通互助发展关系。

在央企参与 PPP 项目严控后，国家和地方将鼓励、支持民营资本、联合体等积极参与 PPP 项目投资和建设运营。具体到参与项目的企业，要发挥其知识技能、管理经验、创新能力、市场约束等优势，且自身要有清楚的定位，了解参与 PPP 项目的具体结构，明确权责、分工、任务等要素。如项目公司可根据自身的情况，在建设充电基础设施项目时选择适合的布局结构，前置风险；合理规划，在签约时规定最低业务量担保条款。在充电基础设施服务领域，很多地方的充电电费和服务费较低，出现了恶性竞争，可做的空间较小，但相关企业可以创新理念，比如引入多种经营方式，拓宽盈利渠道。

从中观层面的产业来看，可以通过一体化运营推动充电基础设施产业向规模化、集约化经营方向发展。规模收益的获得，主要通过尽可能扩大管理服务的规模以及提高管理维护服务的专业化水平实现。类似的公司可以从项目最开始的设计、建造成本，到服务的提供、运营、维修、更新的成本进行一体化的考虑，通过专业运维公司、物联网等新技术管理充电基础设施日常运维，降低运维成本，提高精细化管理水平。最大限度降低充电基础设施 PPP 项目的全生命周期成本。合作不拘泥于政府和企业，探索通过跨区的企业合作来激发企业的积极性，促进市场的有效竞争，进而提高效率、降低成本，达成充电服务的规模效益。

## 8.3 充电基础设施供给 PPP 模式的中介支持保障

充电基础设施 PPP 项目的核心是合作，为了缓解合作过程中政府和社会资本方的信息不对称，打开多赢局面，中介等专业研究机构及第三方平台的搭建将发挥居间联系的作用，解决具有独立性、平等性的主体间信息不对称的问题，降低风险，提高合作效率进而促进项目优化运作。

优质的中介服务不仅可以帮政府设计出好的实施方案，更重要的是，可以通过该方案吸引更多的社会资本参与其中，营造竞争的环境，让政府有更多的选择，最终寻找到可以提供物美价廉公共基础设施的合作伙伴。同时，优秀的中介服务也可以帮助政府创新思路，在不增加财政支出的情况下，让 PPP 项目得到有效实施。由于我国 PPP 项目井喷式出现，PPP 中介服务业却仍处在萌芽期，机构鱼龙混杂，专家有名无实，实施方案抄袭成风，导致 PPP 模式运行针对性不足且欠缺规范性。各地经济条件、地理、文化、财政能力等都不一样，项目的实施方案必然差别巨大，如果咨询人员没有丰富的经验，将很难满足 PPP 项目的需求。通过前面对 PPP 的影响因素分析以及相关模型构建，如社会资本方比较关注社会文化环境因素中的互联网平台的支撑等，本节重点分析金融中介、法律中介、资产评估中介、智能平台在合作中的引导作用。

首先，着力推进金融中介的支撑，鼓励金融机构在商业可持续原则下，推广股权、项目收益权、特许经营权等质押融资方式，创新金融产品和保险品种，综合运用风险补偿等政策，完善金融服务体系。如，2017 年以来，中国证券投资基金业协会、上海证券交易所、深圳证券交易所分别对 PPP 资产证券化建立绿色通道审批机制，运用该创新融资模式，不仅能有效地肩负起融资职责，同时兼具建设、运营项目的责任，还是 PPP 股权及债权投资人重要的退出方式之一，是实现充电基础设施 PPP 资产标准、合格化的重要方式和金融创新，将成为基础设施投资对接资本市场的重要路径。此外，还需积极发挥 PPP 基金平台的支持引导作用，但要注意任何充电基础设施投资项目，一定要投入自有资金，不能让政府的各种公共性基金作为资本金，更不要让社会资本用借款作为资本金，然后再用银行资金做运营，唯此，才能进行适度的融资，这也是必须守住的底线。同时，绿色银行、绿色证券、绿色保险、绿色债券等系列绿色金融政策的推行，也较好地契合了充电基础设施 PPP 模式的金融需求。

其次，加快推动法律中介的完善，目前涉及 PPP 的法律法规正在细化完善过程中，2015 年 1 月 19 日，财政部发布了《PPP 项目合同指南（试行）》，明确了关于 PPP 合同签订中的各项细则，但相关法规政策文件多为《意见》《通知》等形式，缺乏顶层设计，权威性不足，相关的制度较为片面分散，精准细化不足，不利于后续可能的争议处理。现实中，政府和社会资本的合作较为广泛，为了使二者更好地融合，法律顾问的桥梁作用不容忽视，合同的设计也颇为重要，应逐步形成一批科学合理、全面规范、切实可行的合同文本范本，以供参考示范。合同起草中需要明确谈判双方的权责，特别是对政府权限的规制，要防止权力寻租，加快法治的进程，强调专业精神。对于企业来说，应在充电标准检测、收费定价以及发展规划方面给予约束。在充电基础设施 PPP 项目的合同签订时特别要注意充电桩的设计、分布要求、回报机制的确定以及处罚条款的约束和外围电网建设主体的明确，避免遇到复杂问题时的责任不清。此外，在招投标的进程中也需要专业法律人士应对。如果项目遇到纠纷即可通过法律来解决，必要时第三方仲裁机构的引入也是不可或缺的。

再次，强化资产评估中介机构的有序发展可以起到良好的支持作用。对政府投资的充电基础设施采用重置成本法、现行市价法、收益现值法等方法进行估价，避免国有资产流失，促进其保值增值，并在化解存量地方债过程中发挥积极作用。同时，建立相关的专业咨询机构也是必要的，凭借其丰富的行业经验和能力，可以提高项目推进效率，在制度建设、方案策划，法人招标、谈判项目等方面给予专业技术支持，加强政府和社会资本合作的能力。

另外，逐步形成“互联网 + 充电基础设施 PPP 模式”的新形式。充电基础设施本土化、区域化特点明显，不论是国产电动汽车的电力供给或者是进口电动汽车的电力提供，均应该建立适合各个地区发展需要的充电网络。由于现阶段充电基础设施布局较为分散、充电时间较长，适时同步构建充电基础设施智能网络服务平台，政府和社会资本实时了解充电基础设施的供给和需求，全方位提升消费者的充电服务体验。

最后，充分发动公众的力量，打破国有企业在 PPP 项目资本结构中的主导地位，让社会各界全面了解充电基础设施 PPP 项目，使公众意识到，绿色出行的重要意义以及选择电动车与他们的切身利益密切相关，加强舆论监督，曝光阻碍充电基础设施有序建设、损害消费者权益等行为，形成有利于充电基础设施 PPP 项目发展的舆论氛围，使大众能够参与其中，增强对政府的信任，如参与对充电电费和服务费定价的听证等。

## 8.4 本章小结

结合质化、量化以及演化博弈分析的结果，基于充电基础设施 PPP 模式运行中现存问题，从政府、社会资本方、中介机构等层面提出引导我国充电基础设施 PPP 模式规范运行的政策建议。

# 第9章　研究结论及展望

本章在归纳和总结的基础上提出主要研究结论与创新之处，同时，阐明当前研究中存在的局限和不足，为未来的研究指明方向。

## 9.1　研究结论

本书从试点示范项目的运行实践中识别出充电基础设施PPP模式的参与主体，利用归纳法总结出目前较为通用的充电基础设施PPP模式框架；通过深入访谈和扎根理论等质性方法找出影响PPP模式供给的重要因素，同时构建了影响因素的研究模型，在此基础上，结合文献研究，开发设计出充电基础设施政府和社会资本合作模式供给的重要影响因素调查问卷，并依据此类项目各参与方的大样本调查数据，统计分析了各个影响因素的重要性指标以及对比分析了不同组群的重要影响因素。依据该重要影响因素建立演化博弈模型进行深入研究，对其均衡点及其稳定性进行分析，提出应对策略。最后结合质化、量化以及博弈分析的结果，探讨引导我国充电基础设施PPP模式规范发展的政策建议，特别对税收政策的完善进行了分析，本书主要研究结论如下。

（1）本书基于公共品理论、项目区分理论、博弈论等理论，识别出我国充电基础设施PPP模式的参与主体，如图4－1所示，认为现阶段各个参与主体的目标差异较大，即使有交叉点，但各方在交叉点的努力程度和重视程度也各不相同。结合充电基础设施 PPP 模式供给试点示范的现状分析，本书发现，目前充电基础设施跨区统筹项目较少，大量示范项目主要分布在我国中西部地区，东部地区的项目相对较少，在项目落地的过程中要结合具体区域的发展状况，减少对原有市场秩序的冲撞。项目多采用传统的 BOT 方式运作，仍处于项目运行的前期识别和准备阶段。

（2）通过引入安庆市充电基础设施 PPP 示范项目进行案例分析，从合作环境的构建到政府支持政策的引导，以及社会资本的规范参与等方面，对影响该项目运行的重要因素进行了理论解读，同时，结合试点示范 PPP 项目的实践，通过演绎归纳法总结出 PPP 模式在充电基础设施领域的静态参与主体框架和全生命周期的动态运行程序及可能影响项目运作的部分内外部环境因素，如市场需求、政府导向、竞争机制、人才库建设等外部因素以及内部动力因素，如风险管理、收益分配、定价管理、体制创新、技术创新以及学习机制等。

（3）在深入访谈和扎根分析的基础上，本书得到影响充电基础设施 PPP 模式供给的核心范畴和主范畴，并以此构建了充电基础设施 PPP 模式供给影响因素的研究模型，这些因素从不同的方向和程度影响着充电基础设施 PPP 模式的供给。其中，经济因素是根本、政府治理因素是基础、产品服务内部因素为合作的条件、社会文化环境因素是保障。

具体而言，经济因素包括宏观经济运行、充电基础设施的市场需求、充电基础设施项目经济可行性、多元化的商业运作模式、有效的金融市场、回报机制的选择、充电电价和服务费的定价机制、合理的收益分配等子范畴。政府治理因素包括政府科学决策、政府信用及政策连续性、政府管理体制、政府激励机制、法律法规体系、政府监管能力等子范畴。产品服务内部因素包括社会资本参与方的项目管理能力、充电基础设施相关技术、充电服务质量、供给合作方式的选择、最终用户的反馈及驱动等子范畴。社会文化环境因素包括良好的合作环境、互联网平台支撑、专业人士的帮助、满足公众安全和健康及环境的标准、第三方监管力度等子范畴。

（4）在借鉴国内外文献中已有相关成熟量表及专家咨询访谈数据的基础上，结合影响因素理论模型，完成调查量表的开发设计，结合重要性指数指标，根据问卷数据统计结果得出全部受访者对充电基础设施 PPP 模式影响因素的重要性指数并排序。结果显示，现阶段经济因素对 PPP 模式在充电基础设施领域应用的影响最大，产品服务影响因素次之，政府治理影响因素位列第三，而社会文化环境因素的重要性指数得分最低。而在经济影响因素中，充电基础设施的市场需求是影响充电基础设施 PPP 模式供给的首要因素，财政补贴、税收优惠等财政刺激政策、充电电价和服务费的定价机制等影响因素的重要性紧随其后。在政府治理影响因素子项中，专家对政府信用以及政府政策的延续性关注度很高。在产品服务影响因素的子项中，选择合适的合作方式是受访者普遍认为的关键点。在社会文化环境因素的子项中，按重要性指数得分排序为良好的合作环境、互联网平台支撑、满足公众安全和健康及环境的标准等。

此外，本书利用排序吻合因子进一步验证分析了不同参与主体对各个影响因素重要性的判断，一致性结果显示，两组数据在经济影响因素的一致率达到 53.3%，排序上虽然存在差异，但无论是政府部门受访者还是社会资本方受访者都充分肯定了现阶段财政补贴、税收优惠等经济激励机制对充电基础设施 PPP 模式运行的不可替代的影响，是典型的重要影响因素，特别是社会资本方将其重要性列为第一。政府方和社会资本方受访者均认为充电基础设施市场需求对 PPP 模式的影响较强，并且重要性指数排序都为第三。政府部门受访者和社会资本方受访者在对政府治理影响因素的判断上一致率较低，为 25%，其中，政府部门受访专家认为政府监管是比较重要的因素，现阶段提供充电基础设施的质量标准不统一，监管阻力大，而社会资本方受访者则更重视政府的信用以及政策的延续性；此外，二者都认为政府的科学决策和完善的法律法规体系比较重要。在产品服务影响因素下的一致率达到 40%。政府部门受访专家认为充电服务质量是比较重要的影响因素，反映了政府部门在 PPP 模式下更关注最终提供的充电基础设施质量和服务水平，而社会资本方受访者则认为充电基础设施相关技术发展对 PPP 模式的影响程度相对较强。两组数据对社会文化环境因素影响的一致率仅为 0%。政府部门受访专家看重的是满足公众安全和健康及环境的标准，说明政府部门更重视充电基础设施 PPP 模式供给的正外部性和社会效益，而社会资本方受访者则认为在社会文化环境因素子项里互联网平台支撑对充电基础设施 PPP 模式的供给影响最大，但二者都认为良好的合作环境对 PPP 项目的实施比较重要。总体看来，两大参与主体影响因素重要性的判断受其在 PPP 项目中关注侧重点的影响。政府部门更青睐从自身做起，不断提升政府综合治理能力，这也是当前我国加强政府治理、提升政府服务理念的直观反应；社会资本方更具有经济人的属性，对经济影响因素的关注度最高；两者对产品服务影响因素重要性的判断是相同的，反映出 PPP 模式提供充电基础设施的根本还是要保证高效优质的充电服务。

（5）构建了基于重要影响因素作用下的充电基础设施 PPP 模式参与主体间的“激励—合作”演化博弈关系模型，将政府部门的行为分为提供激励措施和不提供激励措施，社会资本方分为采取积极合作行为和采用投机行为。基于复制动态方程，探讨政府部门和社会资本两者间的动态演化规律，认为在充电基础设施 PPP 项目实施过程中，政府部门采取税收减免、财政补贴等激励措施，社会资本采取积极合作的策略，才能使演化博弈向演化稳定策略发展。博弈分析结果表明，就政府部门而言，一方面应该增加对社会资本违规的处罚力度；另一方面应该建立全生命周期财政激励机制，引导社会资本积极合作，在项目初期加强补贴的引导、在项目运营过程中使用税收减免等经济激励手段，增加社会资本参与项目的积极性和盈利空间，促进 PPP 模式在我国充电基础设施领域的良性发展。就社会资本而言，一方面要提高企业自身的管理水平和建设效率，引进先进的技术和人才，为双方合作共赢提供保障；另一方面应该按照 PPP 项目相关的章程和规定，在整个项目进行过程中严格约束自己的行为，保证项目的顺利完成。

（6）结合实证分析和博弈分析的结果，基于充电基础设施 PPP 模式运行现存的问题，从政府、社会资本方、中介机构等层面提出引导我国充电基础设施 PPP 模式规范运行的政策建议。例如，税负的大小直接影响着充电基础设施 PPP 项目运营成本、充电服务的价格以及项目收益，因此，税收政策在 PPP 模式与充电基础设施建设的契约合作中将发挥较大的调节作用，是调整充电基础设施外部效应的重要手段，是弥补充电基础设施供给不足和激发市场活力的引擎。为完善充电基础设施 PPP 项目的税收政策，需要从建章立制、分类处理涉税政府支出、建设有区别的动态税收优惠政策以及构建多层次的协调配套政策体系等方面给出政策建议。

## 9.2 研究不足与展望

### 9.2.1 研究不足

（1）在影响因素筛选上存在局限。虽然本书在文献理论梳理的基础上，采用质性研究的思想和扎根理论的方法对影响因素进行筛选，但研究仍存在一定的主观性，可能会忽视一些影响因素。

（2）在调研样本的选择上存在局限。本书调研对象为我国充电基础设施 PPP 模式的参与方和相关专家，由于客观条件的限制，虽然调研样本涉及范围广、数量大，但不同地区间的调研样本数量存在一定差异，调研样本在不同城市的分布上也存在一些不均衡。此外，随着充电基础设施 PPP 模式供给的不断展开和持续发展，可以定期调研，关注在发展中可能存在的问题，开展案例的纵向跟踪研究。

（3）在问卷设计和数据收集中存在局限。在量表开发设计时虽然参照了国内外学者的相关成熟量表，但充电基础设施 PPP 模式影响因素调查的成熟量表较少，因此书中自行开发题项的可靠性有待检验。此外，本书部分结论的得出都是基于现阶段的截面数据，对未来充电基础设施 PPP 项目执行、转移等全生命周期的重要影响因素的变动可能考虑不周，因此，对该领域的研究需要长期的跟踪调查分析。

（4）在构建演化模型时，考虑到充电基础设施 PPP 项目现阶段受公众的影响较小，在分析过程中只将参与主体划分为政府和社会资本方，存在对现实情况考虑不全面的缺陷且缺乏数值仿真的相关探讨。

### 9.2.2 研究展望

重要影响因素是充电基础设施PPP模式运行的核心，针对本书研究的不足，结合在研究进程中萌发的想法，对未来研究提出如下展望。

（1）我国正处于城镇化加速期，包括充电基础设施在内的各项基础设施投资需求大，同时，国家鼓励民间投资的政策日益完善，给PPP模式的应用提供了广阔的空间，可以从准公共品PPP模式的提供入手，对本书提出的充电基础设施PPP模式影响因素的框架进行补充和完善。

（2）拓展影响因素的筛选方法，深入研究充电基础设施PPP模式重要影响因素。本书对充电基础设施PPP模式影响因素研究主要为质化研究中的存在论证和影响因素论证，以及量化研究中对专家展开问卷调查，虽然运用严谨的数学方法对影响因素的重要性进行统计验证，但缺乏客观性，充电基础设施PPP模式供给是一个复杂的过程，影响因素众多，合作的发生可能由某个因素单独作用，也可能是多因素的综合作用，影响因素的筛选方法除了本书所应用的文献资料分析法和扎根理论分析法，在未来研究中如何综合运用多种方法还有待进一步探讨。

（3）在进行演化博弈分析的过程中提出了一系列的假设，而在现实情况中，演化模型中博弈主体和成本收益需进一步详细划分，未来研究可根据多方博弈模型的理论，构建更加完善的PPP项目多方参与主体的博弈模型。此外，在实际充电基础设施PPP项目中，政府与社会资本方的博弈策略空间以及成本与收益不止书中所提到的，在后续研究中，可以在此基础上继续添加其他项目，以使模型更加贴合实际。

（4）不断丰富研究方法。虽然本书已经采用了诸如问卷调查、描述性统计分析以及博弈分析等方法，但是，上述方法的应用还存在进一步深入的空间。例如，在政策建议方面，未来研究中可考虑政策仿真模拟的应用，以更加真实和全面地反映各项政策实施前后对项目可能造成的影响。

# 附录 1

## 充电基础设施政府和社会资本合作模式供给的重要影响因素初始调查问卷

尊敬的专家：

您好，诚挚感谢您能在百忙之中抽出宝贵时间参与此次问卷调查。

我们正在进行一项关于充电基础设施供给中政府和社会资本合作（PPP）重要影响因素的调查分析，本问卷目的在于识别相关的影响因素，并以此为基础提取重要因素，为促进 PPP 模式在充电基础设施供给中的发展献言献策。

问卷采用匿名方式，调查结果只用于学术研究，我们将恪守科学研究道德规范，不会用作任何商业和其他用途，对于其中涉及个人隐私的问题，我们将严格保密。感谢您对我们的支持和配合！

请您在每一个问题后面合适的答案选项上画“√”；如无特殊说明，每一个问题只能选择一个答案；若您认为还有其他重要影响因素及个人见解，请在最后写明。

相关概念：

充电基础设施：电动汽车运行提供能量补给的重要设施，主要包括集中式充换电站和分散式充电桩，分别针对集中在公交、环卫、出租、工程、物流等领域的公共专用充电站、私人自用充电桩和社会公用充电桩等。

衷心感谢您的合作！

## 一、基本情况

1．您的性别（　　）。

A．男　　　　　　　　B．女

2．您的年龄（　　）。

A．30 岁以下　　　　　　B．31 ~ 40 岁

C．41 ~ 50 岁　　　　　　D．51 ~ 60 岁

E．60 岁以上

3．您所在的单位类型（　　）。

A．政府相关部门

B．充电基础设施供给的相关企业（电网企业、电池生产企业、电动汽车生产企业等）

C．中介咨询服务机构

D．科研院所

E．其他单位

4．您的工作年限（　　）。

A．2 年或以下　　　　　　B．3 ~ 5 年

C．6 ~ 10 年　　　　　　D．11 年或以上

5．您所在的省份城市是：

## 二、充电基础设施 PPP 模式供给影响因素重要性评估

请根据您的经验和理解，合理客观地判断下列因素对充电基础设施 PPP（政府和社会资本合作）模式供给的影响程度，并在您认为的重要程度下打√。

## （一）经济影响因素重要性评估

| 序号 | 影响因素指标 | 非常重要 | 重要 | 中等 | 不重要 | 很不重要 |
|---|---|---|---|---|---|---|
| 1 | 宏观经济运行 | | | | | |
| 2 | 充电基础设施的市场需求 | | | | | |
| 3 | 充电基础设施项目经济可行性 | | | | | |
| 4 | 多元化的商业运作模式 | | | | | |
| 5 | 有效的金融市场 | | | | | |
| 6 | 回报机制的选择（使用者付费、可行性缺口补助、政府直接付费） | | | | | |
| 7 | 充电电价和服务费的定价机制 | | | | | |
| 8 | 合理的收益分配 | | | | | |

## （二）政府治理影响因素重要性评估

| 序号 | 影响因素指标 | 非常重要 | 重要 | 中等 | 不重要 | 很不重要 |
|---|---|---|---|---|---|---|
| 1 | 政府科学决策（物有所值评价） | | | | | |
| 2 | 政府信用及政策连续性（政治风险） | | | | | |
| 3 | 管理体制健全（高效的审批和许可） | | | | | |
| 4 | 激励机制合理（财政支持稳定：财政补贴健全、税收优惠政策） | | | | | |
| 5 | 法律法规体系健全 | | | | | |
| 6 | 政府监管、保障能力 | | | | | |

## （三）充电基础设施提供的产品服务因素（内部因素）的重要性评估

| 序号 | 影响因素指标 | 非常重要 | 重要 | 中等 | 不重要 | 很不重要 |
|---|---|---|---|---|---|---|
| 1 | 社会资本参与方的项目管理能力 | | | | | |
| 2 | 充电基础设施相关技术 | | | | | |
| 3 | 充电服务质量 | | | | | |
| 4 | 供给合作方式的选择〔委托—运营（OMC）、管理合同（MC）、建设—运营—移交（BOT）、建设—拥有—运营（BOO）、转让—运营—移交（TOT）和改建—运营—移交（ROT）〕 | | | | | |
| 5 | 最终用户的反馈及驱动 | | | | | |

(四) 社会文化环境因素

| 序号 | 影响因素指标 | 非常重要 | 重要 | 中等 | 不重要 | 很不重要 |
|---|---|---|---|---|---|---|
| 1 | 良好的合作环境（契约理念的遵从） | | | | | |
| 2 | 互联网平台支撑 | | | | | |
| 3 | 专业人士的帮助 | | | | | |
| 4 | 满足公众安全和健康及环境的标准 | | | | | |
| 5 | 第三方监管力度 | | | | | |

若您认为还有其他重要影响因素及个人见解，请您指出：

## 三、充电基础设施 PPP 模式供给重要影响因素（单项选择）

1. 下列经济因素中对充电基础设施 PPP 模式供给的影响最大的是（　　）。

A. 我国的基本经济制度（市场经济）

B. 充电基础设施的市场需求

C. 充电基础设施项目经济可行性

D. 多元化的商业运作模式

E. 有效的金融市场

F. 回报机制的选择

G. 合理的收益分配

2. 政府治理因素中对充电基础设施 PPP 模式供给的影响最大的是（　　）。

A. 政府科学决策（物有所值评价）

B. 政府信用及政策连续性（政治风险）

C. 管理体制健全（高效的审批和许可）

D. 激励机制合理（财政支持稳定：财政补贴健全、税收优

惠政策)

E. 法律法规体系健全

F. 政府监管、保障能力

3. 充电基础设施提供的产品服务因素中对充电基础设施PPP模式供给的影响最大的是（　　）。

A. 社会资本参与方的项目管理能力

B. 充电基础设施相关技术

C. 充电服务质量

D. 供给合作方式的选择

E. 充电电价和服务费的定价机制

F. 最终用户的反馈及驱动

4. 社会文化环境因素中对充电基础设施PPP模式供给的影响最大的是（　　）。

A. 良好的合作环境

B. 互联网平台支撑

C. 专业人士的帮助

D. 满足公众安全和健康及环境的标准

E. 第三方监管力度

# 附录 2

## 充电基础设施政府和社会资本合作模式供给的重要影响因素正式调查问卷

尊敬的专家：

您好，诚挚感谢您能在百忙之中抽出宝贵时间参与此次问卷调查。

我们正在进行一项关于充电基础设施供给中政府和社会资本合作（PPP）重要影响因素的调查分析，本问卷目的在于识别相关的影响因素，并以此为基础提取重要因素，为促进 PPP 模式在充电基础设施供给中的发展献言献策。

问卷采用匿名方式，调查结果只用于学术研究，我们将恪守科学研究道德规范，不会用作任何商业和其他用途，对于其中涉及个人隐私的问题，我们将严格保密。感谢您对我们的支持和配合！

请您在每一个问题后面合适的答案选项上画“√”；如无特殊说明，每一个问题只能选择一个答案；若您认为还有其他重要影响因素及个人见解，请在最后写明。

相关概念：

充电基础设施：电动汽车运行提供能量补给的重要设施，主要包括集中式充换电站和分散式充电桩，分别针对集中在公交、环卫、出租、工程、物流等领域的公共专用充电站、私人自用充电桩和社会公用充电桩等。

## 一、基本情况

1. 您的性别（　　）。

A. 男　　B. 女

2. 您的年龄（　　）。

A. 30 岁以下　　B. 31 ~40 岁

C. 41 ~50 岁　　D. 51 ~60 岁

E. 60 岁以上

3. 您所在的单位类型（　　）。

A. 政府相关部门

B. 充电基础设施供给的相关企业（电网企业、电池生产企业、电动汽车生产企业等）

C. 中介咨询服务机构

D. 科研院所

E. 其他单位

4. 您在充电基础设施 PPP 模式供给中是哪一相关利益主体（　　）。

A. 政府相关公共部门　　B. 社会资本投资方

C. 消费者和受益群体　　D. 科研院所

E. 中介咨询服务机构

5. 你参与的充电基础设施 PPP 项目所处的阶段（　　）。

A. 项目识别　　B. 项目准备

C. 项目采购　　D. 项目执行

E. 项目移交　　F. 没有参加

6. 您所在的省份城市是：（　　　　）。

## 二、充电基础设施 PPP 模式供给影响因素重要性评估

请根据您的经验和理解，合理客观地判断下列因素对充电

基础设施PPP（政府和社会资本合作）模式供给的影响程度，并在您认为的重要程度下打√。

（一）经济影响因素重要性评估

| 序号 | 影响因素指标 | 非常重要 | 重要 | 中等 | 不重要 | 很不重要 |
|---|---|---|---|---|---|---|
| 1 | 宏观经济运行 | | | | | |
| 2 | 充电基础设施的市场需求 | | | | | |
| 3 | 充电基础设施项目经济可行性 | | | | | |
| 4 | 多元化的商业运作模式 | | | | | |
| 5 | 财政补贴、税收优惠等经济刺激 | | | | | |
| 6 | 回报机制的选择（使用者付费、可行性缺口补助、政府直接付费） | | | | | |
| 7 | 充电电价和服务费的定价机制 | | | | | |
| 8 | 合理的收益分配 | | | | | |

（二）政府治理影响因素重要性评估

| 序号 | 影响因素指标 | 非常重要 | 重要 | 中等 | 不重要 | 很不重要 |
|---|---|---|---|---|---|---|
| 1 | 政府科学决策（物有所值评价等） | | | | | |
| 2 | 政府信用及政策连续性（政治风险等） | | | | | |
| 3 | 政府管理体制（高效的审批和许可等） | | | | | |
| 4 | 法律法规体系 | | | | | |
| 5 | 政府监管能力 | | | | | |

（三）充电基础设施提供的产品服务因素（内部因素）的重要性评估

| 序号 | 影响因素指标 | 非常重要 | 重要 | 中等 | 不重要 | 很不重要 |
|---|---|---|---|---|---|---|
| 1 | 社会资本参与方的项目管理能力 | | | | | |
| 2 | 充电基础设施相关技术 | | | | | |
| 3 | 充电服务质量 | | | | | |
| 4 | 供给合作方式的选择［委托—运营（OMC）、管理合同（MC）、建设—运营—移交（BOT）、建设—拥有—运营（BOO）、转让—运营—移交（TOT）和改建—运营—移交（ROT）］ | | | | | |

| | | | | | | |
|---|---|---|---|---|---|---|
| 5 | 最终用户的反馈及驱动 | | | | | |

（四）社会文化环境因素

| 序号 | 影响因素指标 | 非常重要 | 重要 | 中等 | 不重要 | 很不重要 |
|---|---|---|---|---|---|---|
| 1 | 良好的合作环境（契约理念的遵从） | | | | | |
| 2 | 互联网平台支撑 | | | | | |
| 3 | 专业人士的帮助 | | | | | |
| 4 | 满足公众安全和健康及环境的标准 | | | | | |
| 5 | 第三方监管力度 | | | | | |

若您认为还有其他重要影响因素及个人见解，请您指出：

## 三、充电基础设施 PPP 模式供给重要影响因素（单项选择）

1. 经济因素中哪个指标对充电基础设施 PPP 模式供给的影响最大（　　）。

A. 宏观经济运行

B. 充电基础设施的市场需求

C. 充电基础设施项目经济可行性

D. 多元化的商业运作模式

E. 财政补贴、税收优惠等经济刺激

F. 回报机制的选择（使用者付费、可行性缺口补助、政府直接付费）

G. 充电电价和服务费的定价机制

H. 合理的收益分配

2. 政府治理因素中哪个指标对充电基础设施 PPP 模式供给的影响最大（　　）。

A. 政府科学决策（物有所值评价）

B. 政府信用及政策连续性（政治风险）

C. 政府管理体制（高效的审批和许可）

D. 法律法规体系

E. 政府监管能力

3. 充电基础设施提供的产品服务因素中对充电基础设施 PPP 模式供给的影响最大的是（　　）。

A. 社会资本参与方的项目管理能力

B. 充电基础设施相关技术

C. 充电服务质量

D. 供给合作方式的选择

E. 最终用户的反馈及驱动

4. 社会文化环境因素中对充电基础设施 PPP 模式供给的影响最大的是（　　）。

A. 良好的合作环境（契约理念的遵从）

B. 互联网平台支撑

C. 专业人士的帮助

D. 满足公众安全和健康及环境的标准

E. 第三方监管力度

再次衷心感谢您的合作！

# 参 考 文 献

[1] 埃森哲公司. 中国电动汽车充换电服务模式研究及对电网企业的建议 [R]. 埃森哲公司大中华地区, 2011.

[2] 白桦, 谭德庆. PPP 模式在新能源汽车充电设施建设运营的应用研究 [J]. 宏观经济管理, 2017 (S1): 232 - 233.

[3] 陈炳泉, 彭瞳. 公私合营模式在交通基础设施项目中关键性成功因素分析 [J]. 都市快轨交通, 2010, (03): 17 - 22.

[4] 陈昶彧. PPP 制度顶层设计要关注四大影响因素和三种目标导向 [J]. 中国政府采购, 2016, (09): 37 - 38.

[5] 陈向明. 质的研究方法和社会科学研究 [M]. 北京: 教育科学出版社, 2000.

[6] 陈志敏, 张明, 司丹. 中国的 PPP 实践: 发展、模式、困境与出路 [J]. 国际经济评论, 2015, (04): 68 - 84, 5.

[7] 程哲, 王守清. 我国民营资本参与医院 PPP 的 PEST - SWOT 分析 [J]. 工程管理学报, 2012, 26 (01): 53 - 58.

[8] 邓云. PPP 模式的大型体育场馆项目治理机制研究 [D]. 重庆大学, 2015.

[9] 杜强, 贾丽艳. SPSS 统计分析从入门到精通 [M]. 北京: 人民邮电出版社, 2009.

[10] 杜亚灵, 尹航, 尹贻林, 杜泽超. PPP 项目谈判过程中信任的影响因素研究——基于扎根理论 [J]. 科技管理研究, 2015, (04): 187 - 192.

[11] (美) E·S·萨瓦斯. 民营化与公私部门的伙伴关系[M]. 周志忍, 等译. 北京: 中国人民大学出版社, 2002.

[12] 范小军, 王方华, 钟根元. 大型基础项目融资风险的动态模糊评价 [J]. 上海交通大学学报, 2004, 38 (03): 450-454.

[13] 关于"十三五"新能源汽车充电基础设施奖励政策及加强新能源汽车推广应用的通知, 中华人民共和国财政部网, 2016年1月11日.

[14] 关于2016—2020年新能源汽车推广应用财政支持政策的通知, 中华人民共和国财政部网, 2015年4月22日.

[15] 关于节约能源使用新能源车船车船税优惠政策的通知, 国家税务总局网, 2015年5月7日.

[16] 关于完善城市公交车成品油价格补助政策加快新能源汽车推广应用的通知, 中华人民共和国财政部网, 2015年5月11日.

[17] 关于新能源汽车充电设施建设奖励的通知, 中华人民共和国财政部网, 2014年11月18日.

[18] 关于印发《PPP物有所值评价指引（试行）》的通知, 中华人民共和国财政部网, 2015年12月18日.

[19] 关于印发《电动汽车充电基础设施发展指南（2015—2020年）》的通知, 中华人民共和国国家发展和改革委员会, 2015年10月9日.

[20] 关于印发《政府和社会资本合作项目财政承受能力论证指引》的通知, 中华人民共和国财政部网, 2015年4月7日.

[21] 关于印发政府和社会资本合作模式操作指南（试行）的通知, 中华人民共和国财政部网, 2014年11月29日.

[22] 郭建龙, 文福拴. 电动汽车充电对电力系统的影响及

其对策［J］. 电力自动化设备，2015，35（06）：1－9.

［23］国家发展改革委关于开展政府和社会资本合作的指导意见，中华人民共和国国家发展和改革委员会，2014 年 12 月 2 日.

［24］国家发展改革委国家开发银行关于推进开发性金融支持政府和社会资本合作有关工作的通知，中华人民共和国中央人民政府网，2015 年 3 月 10 日.

［25］国务院办公厅关于加快电动汽车充电基础设施建设的指导意见，中华人民共和国中央人民政府网，2015 年 10 月 9 日.

［26］国务院办公厅关于加快新能源汽车推广应用的指导意见，中华人民共和国中央人民政府网，2014 年 7 月 14 日.

［27］国务院办公厅转发财政部发展改革委人民银行关于在公共服务领域推广政府和社会资本合作模式指导意见的通知，中华人民共和国中央人民政府网，2015 年 5 月 19 日.

［28］国务院关于鼓励和引导民间投资健康发展的若干意见，中华人民共和国中央政府网，2017 年 3 月 5 日.

［29］国务院关于加强地方政府性债务管理的意见，中华人民共和国中央政府网，2014 年 9 月 21 日.

［30］国务院关于印发《中国制造 2025》的通知，中华人民共和国中央政府网，2015 年 5 月 19 日.

［31］国务院关于印发节能与新能源汽车产业发展规划（2012—2020 年）的通知，中华人民共和国中央政府网，2012 年 6 月 28 日.

［32］和军，樊寒伟. 制度能力、产业特性与公私合作（PPP）治理机制［J］. 商业研究，2016，62（07）：1－8.

［33］贺佳雯. 贾康：PPP 模式助力精准脱贫［J］. 中国经

济信息，2016 (14)：27.

[34] 黄腾，柯永建，李湛湛，等. 中外 PPP 模式的政府管理比较分析 [J]. 项目管理技术，2009 (01)：9-13.

[35] 基础设施和公用事业特许经营管理办法，中华人民共和国国家发展和改革委员会，2015 年 4 月 25 日.

[36] 贾康，苏京春. 新供给经济学：理论创新与建言 [M]. 北京：中国经济出版社，2015.

[37] 贾康，孙洁. 运用 PPP 机制提供廉租房和公租房的建议 [J]. 中国财政，2011 (15)：43-45.

[38] 贾康，林竹，孙洁. PPP 模式在中国的探索效应与实践 [J]. 经济导刊，2015，(01)：34-39.

[39] 贾康，孙洁. 公私伙伴关系（PPP）的概念、起源、特征与功能 [J]. 财政研究，2009 (10)：2-10.

[40] 简迎辉，包敏. PPP 模式内涵及其选择影响因素研究 [J]. 项目管理技术，2014，12 (12)：24-28.

[41] 交通运输部关于加快推进新能源汽车在交通运输行业推广应用的实施意见，中华人民共和国中央人民政府网，2015 年 3 月 13 日.

[42] 柯洪，周付彦. 工程项目交易方式选择的影响因素指标体系构建研究 [J]. 工程管理学报，2012 (02)：55-59.

[43] 柯永建，王守清，陈炳泉. 激励私营部门参与基础设施 PPP 项目的措施 [J]. 清华大学学报（自然科学版），2009 (09).

[44] 赖丹馨，费方域. 公私合作制（PPP）的效率：一个综述 [J]. 经济学家，2010 (07)：97-104.

[45] 雷诺兹，马宾. 微观经济学：分析和政策 [M]. 北京：商务印书馆，1982.

[46] 李开孟. 构建符合我国国情的PPP制度体系 [A]. 中国武汉决策信息研究开发中心、决策与信息杂志社、北京大学经济管理学院. “决策论坛——区域发展与公共政策研究学术研讨会”论文集（上）[C]. 2016：2.

[47] 李立理，张义斌，周原冰，等. 我国发展电动汽车充电基础设施若干问题分析 [J]. 能源技术经济，2011，23（01）：6－10.

[48] 李林，刘志华，章昆昌. 参与方地位非对称条件下PPP项目风险分配的博弈模型 [J]. 系统工程理论与实践，2013，（08）：1940－1948.

[49] 李齐云. 分级财政体制研究 [M]. 北京：经济科学出版社，2003.

[50] 李秀辉，张世英. PPP：一种新型的项目融资方式 [J]. 中国软科学，2002（02）：51－54.

[51] 李妍，赵蕾. 新型城镇化背景下的PPP项目风险评价体系的构建——以上海莘庄CCHP项目为例 [J]. 经济体制改革，2015（05）：17－23.

[52] 李尧. PPP模式在中国的研究趋势分析 [D]. 天津大学，2012.

[53] 刘坚. 电动汽车充电方式和商业运营模式初探 [J]. 汽车工程师，2011（01）：19－22.

[54] 刘娟娟，曹胜兰. 电动汽车充电桩运营模式研究 [J]. 科技管理研究，2015，35（19）：202－206.

[55] 刘娟娟，王鹏，苗广雁. 基于“互联网＋”的电动汽车充电产业商业模式研究 [J]. 企业经济，2016（04）：148－152.

[56] 刘穷志，庞泓. 公共产品PPP供给模式应替代政府供

给模式吗？[J]. 广西财经学院学报，2017（01）：29-36.

[57] 刘薇. PPP 模式理论阐释及其现实例证 [J]. 改革，2015（01）：78-89.

[58] 刘向杰. 公私合作项目的政府行为研究 [D]. 西南交通大学，2011.

[59] 逯元堂，高军，陈鹏. 落实《水污染防治行动计划》投融资思路与建议——对《水污染防治行动计划》的解读 [J]. 环境保护科学，2015（03）：53-56.

[60] 罗卓伟，胡泽春，宋永华，等. 电动汽车充电负荷计算方法 [J]. 电力系统自动化，2011，35（14）：36-42.

[61] 马晓明，陈栋，计军平. 电动汽车充电设施 PPP 项目中投资方风险研究 [J]. 现代管理科学，2016（08）：3-5.

[62]（美）麦可斯威尔（Maxwell，J. A.）. 质性研究设计 [M]. 陈浪，译. 北京：中国轻工业出版社，2008.

[63] 亓霞，柯永建，王守清. 基于案例的中国 PPP 项目的主要风险因素分析 [J]. 中国软科学，2009（05）：107-113.

[64] 亓霞，王守清，李湛湛. 对外 PPP 项目融资渠道比较研究 [J]. 项目管理技术，2009，(06)：26-32.

[65] 杨秦，方学，赵超霖. 全国传统基础设施领域 PPP 项目库正式运行入库项目近 1.6 万个 [N]. 2017-02-27.

[66] 任志涛，武继科. 基于结构方程的 PPP 项目失败关键影响因素分析 [J]. 天津城建大学学报，2017，(01)：60-65.

[67] 史乐峰，吴文建，曾令鹤，等. 电动汽车充电服务 PPP 定价模型及应用 [J]. 价格理论与实践，2015（08）：94-96.

[68] 宋小宁，陈斌，吴明琴. 基础设施供给模式选择研究——基于公私合作（PPP）和政府采购的比较 [J]. 厦门大学

学报（哲学社会科学版），2014（03）：139－146.

［69］孙慧，孙晓鹏，范志清. PPP 项目的再谈判比较分析及启示［J］. 天津大学学报（社会科学版），2011，（04）：294－297.

［70］孙慧，孙晓鹏，范志清. PPP 项目中再谈判关键影响因素的研究［J］. 国际经济合作，2010，（03）：58－61.

［71］孙强，葛旭波，刘林，等. 国内外智能电网评价体系对比分析［J］. 电力系统及其自动化学报，2011，23（06）：105－110.

［72］孙岩. 居民环境行为及其影响因素研究［D］. 大连理工大学，2006.

［73］汤薇，吴海龙. 基于政府角度的 PPP 项目融资效益研究——以 BOT 与 BOO 模式为例［J］. 科研管理，2014，（01）：157－162.

［74］唐葆君，郑茜. 中国电动汽车配套基础设施布局需求侧研究——基于 Logit 回归的消费偏好分析［J］. 北京理工大学学报（社会科学版），2013，15（04）：14－20.

［75］唐祥来，刘晓慧. 新常态下 PPP 投资的约束与激励——来自中国水业的证据［J］. 财贸研究，2016，（06）：92－101.

［76］田博. 中国电动汽车产业发展财税政策研究［D］. 财政部财政科学研究所，2012.

［77］汪文雄，李启明. 基于利益相关者多方满意的城市交通 PPP 项目特许价格调整模型研究［J］. 重庆大学学报：社会科学版，2010（03）：51－58.

［78］汪文雄，钱圣，杨钢桥. PPP 模式下农地整理项目前期阶段效率影响机理研究［J］. 资源科学，2013，35（02）：341－352.

［79］王海山. 科学方法辞典［M］. 杭州：浙江教育出版

社，1992.

[80] 王济川，王小倩，姜宝法. 结构方程模型：方法与应用 [M]. 北京：高等教育出版社，2011.

[81] 王俊豪，金暄暄. PPP 模式下政府和民营企业的契约关系及其治理——以中国城市基础设施 PPP 为例 [J]. 经济与管理研究，2016，37 (03)：62-68.

[82] 王立颖. 电动汽车的关键技术及发展前景 [J]. 汽车工业研究，2009 (08)：12-15.

[83] 王守清，柯永建. 特许经营项目融资 (BOT、PFI 和 PPP) [M]. 北京：清华大学出版社，2008.

[84] 王守清，伍迪，彭为，等. PPP 模式下城镇建设项目政企控制权配置 [J]. 清华大学学报 (自然科学版)，2017 (04)：369-375.

[85] 王潼，李平. 中国新能源汽车充电基础设施产业建设研究 [J]. 汽车工业研究，2017 (01)：4-9.

[86] 王晓腾. 我国基础设施公私合作制研究 [D]. 财政部财政科学研究所，2015.

[87] 王秀杰. 我国电动汽车商业模式创新 SWOT 分析 [J]. 科技管理研究，2013，(08)：18-22.

[88] 王秀芹，梁学光，毛伟才. 公私伙伴关系 PPP 模式成功的关键因素分析 [J]. 国际经济合作，2007 (12)：59-62.

[89] 王颖林，刘继才，赖芨宇. 基于投资方投机行为的 PPP 项目激励机制博弈研究 [J]. 管理工程学报，2016，30 (02)：223-232.

[90] 吴明隆. SPSS 统计应用实务 [M]. 北京：中国铁道出版社，2000.

[91] 吴孝灵，周晶，彭以忱，等. 基于公私博弈的 PPP 项

目政府补偿机制研究［J］. 中国管理科学，2013（S1）：198－204.

［92］伍迪，王守清. PPP 模式在中国的研究发展与趋势［J］. 工程管理学报，2014（06）：75－80.

［93］夏立明，王丝丝，张成宝. PPP 项目再谈判过程的影响因素内在逻辑研究——基于扎根理论［J］. 软科学，2017，（01）：136－140.

［94］肖湘宁，温剑锋，陶顺，等. 电动汽车充电基础设施规划中若干关键问题的研究与建议［J］. 电工技术学报，2014，29（08）：1－10.

［95］徐立中，杨光亚，许昭，等. 电动汽车充电负荷对丹麦配电系统的影响［J］. 电力系统自动化，2011，35（14）：18－23.

［96］许娜. 准经营性城市基础设施 PPP 模式的关键成功因素研究［D］. 重庆大学，2014.

［97］薛奕曦，陈翌，孔德洋. 基于价值网络的电动汽车商业模式创新研究［J］. 科学学与科学技术管理，2014（03）：49－57.

［98］（英）亚当·斯密. 国民财富的性质和原因的研究（上卷）［M］. 郭大力，王亚南，译. 北京：商务印书馆，1972.

［99］杨方，张义斌，葛旭波. 中美日电动汽车发展趋势及特点分析［J］. 能源技术经济，2011，（07）：40－44.

［100］杨俊萍. 基于系统观的 PPP 项目定价机制研究［D］. 重庆大学，2012.

［101］杨冉冉. 城市居民绿色出行行为的驱动机理与政策研究［D］. 中国矿业大学，2016.

［102］杨彤，龙如银，李文博. 构建有利于充电基础设施

供给PPP模式运行的财政环境［J］. 经济纵横，2016（09）：109-113.

［103］杨卫华，王秀山，张凤海. 公共项目PPP模式选择路径研究——基于交易合作三维框架［J］. 华东经济管理，2014，（02）：121-126，176.

［104］杨旋. 规制视角下PPP项目价格机制与监管机制完善研究［D］. 天津理工大学，2016.

［105］姚东旻，李军林. 条件满足下的效率差异：PPP模式与传统模式比较［J］. 改革，2015（02）：34-42.

［106］叶晓甦，张永艳，李小朋. 我国PPP项目政府监管机制设计［J］. 建筑经济，2010（04）：93-96.

［107］余鼎荣. DB承包模式下建设项目的成功因素研究［D］. 中南大学，2005.

［108］袁竞峰，季闯，李启明. 国际基础设施建设PPP项目关键绩效指标研究［J］. 工业技术经济，2012（06）：109-120

［109］（美）詹姆斯·M. 布坎南. 制度契约与自由：政治经济学家的视角［M］. 王金良，译. 北京：中国社会科学出版社，2013.

［110］张红平，叶苏东. 基于AHP-DEMATEL的PPP项目关键成功因素相互关系研究［J］. 科技管理研究，2016，36（22）：203-207.

［111］张磊，唐永忠，刘婷婷，田滨帆. 合同治理在PPP项目中的应用研究［J］. 工程管理学报，2017，（01）：101-106.

［112］张维迎. 博弈论与信息经济学［M］. 上海：格致出版社，2012.

［113］张玮，张卫东. 基于网络层次分析法（ANP）的PPP

项目风险评价研究［J］．项目管理技术，2012，10（10）：84－88.

［114］张文彤．SPSS 11 统计分析教程［M］．北京：希望电子出版社，2002.

［115］张勇，蒲勇健，史乐峰．电动汽车充电基础设施建设与政府策略分析［J］．中国软科学，2014（06）：167－181.

［116］赵国富，王守清．BOT/PPP 项目社会效益评价指标的选择［J］．技术经济与管理研究，2007（02）：31－32.

［117］郑志强，陶长琪，冷毅．大型体育设施供给 PPP 模式的合作博弈分析［J］．体育科学，2011，31（05）：27－32.

［118］中国财政科学研究院课题组．应对气候变化：PPP 模式融资机制研究［J］．经济研究参考，2016（50）：37－47.

［119］中国财政学会公私合作（PPP）研究专业委员会课题组．公私合作伙伴关系（PPP）的概念、起源与功能［J］．经济研究参考，2014，（13）：4－16.

［120］中华人民共和国国家统计局．中华人民共和国 2016 年国民经济和社会发展统计公报［R］.

［121］中华人民共和国国民经济和社会发展第十三个五年规划纲要，中华人民共和国中央政府网，2017 年 5 月 5 日

［122］中华人民共和国政府采购法实施条例，2015 年 1 月 30 日

［123］周逢权，连湛伟，王晓雷，等．电动汽车充电站运营模式探析［C］．2010 中国智能电网学术研讨会，2010：63－66

［124］周开锡．PPP 机制在城市污水处理行业中的应用［J］．四川环境，2012，31（04）：114－118.

［125］周咏馨，高荣，田鹏许．基于全寿命期视角的 BOO

模式在垃圾处理项目中的应用［J］. 城市发展研究，2016 (12)：23-25.

［126］周正祥，张秀芳，张平. 新常态下 PPP 模式应用存在的问题及对策［J］. 中国软科学，2015 (09)：82-95.

［127］Abdul-Aziz A R，Kassim P S J. Objectives，success and failure factors of housing public-private partnerships in Malaysia［J］. Habitat International，2011，35 (1)：150-157.

［128］Abednego M P，Ogunlana S O. Good project governance for proper risk allocation in public-private partnerships in Indonesia［J］. International Journal of Project Management，2006，24 (7)：622-634.

［129］Åhman M. Government policy and the development of electric vehicles in Japan［J］. Energy Policy，2006，34 (4)：433-443.

［130］Al-Alawi B M，Bradley T H. Total cost of ownership，payback，and consumer preference modeling of plug-in hybrid electric vehicles［J］. Applied Energy，2013，103 (1)：488-506.

［131］Al-Sharif F，Kaka A. PFI/PPP topic coverage in construction journals［J］. Sharif，2004，1.

［132］Ameyaw E E，Chan A P C. Risk ranking and analysis in PPP water supply infrastructure projects：An international survey of industry experts［J］. Facilities，2015，33 (7/8)：428-453.

［133］Askar M M，Gab-Allah A A. Problems Facing Parties Involved in Build，Operate，and Transport Projects in Egypt［J］. Journal of Management in Engineering，2002，18 (4)：173-178.

［134］Aydinalp M，Ugursal V I，Fung A S. Modeling of the space and domestic hot-water heating energy-consumption in the residential sector using neural networks [J]. Applied Energy, 2004, 79 (2): 159 - 178.

[135] Babbie E R. The practice of social research [J]. Contemporary Sociology, 2012, 17 (4): 163.

[136] Barr S. Household waste management: social psychological paradigm in social psychological context [J]. Environment and Behavior, 1995, 27 (6): 723 - 743.

[137] Bhatti A R, Salam Z, Aziz M J B A, et al. Electric vehicles charging using photovoltaic: Status and technological review [J]. Renewable & Sustainable Energy Reviews, 2016, 54: 34 - 47.

[138] Bing L, Akintoye A, Edwards P J, et al. The allocation of risk in PPP/PFI construction projects in the UK [J]. International Journal of Project Management, 2005, 23 (1): 25 - 35.

[139] Bing L, Akintoye A, Edwards P J, et al. The allocation of risk in PPP/PFI construction projects in the UK [J]. International Journal of Project Management, 2005, 23 (1): 25 - 35.

[140] Bing Li, A. Akintoye, C. Hardcastle. Critical success factors for PPP/PFI projects in the UK construction industry [J]. Construction Management & Economics, 2005, 23 (5): 459 - 471.

[141] Bloomfield P. The challenging business of long - term public - private partnerships: Reflections on local experience [J]. Public Administration Review, 2006, 66 (3): 400 - 411.

[142] Bubshait A A, Almohawis S A. Evaluating the general conditions of a construction contract [J]. International Journal of Project Management, 1994, 12 (3): 133 - 136.

[143] Canadian Council for Public – Private Partnerships. Definitions [EB/OL]. 2017 – 11 – 8.

[144] Carbonara N, Costantino N, Gunnigan L, et al. Risk management in PPP projects: An empirical study on the motorway sector [C]. Proceedings of the POMS Conference. 2014: 9 – 12.

[145] Chan A P C, Lam P T I, Chan D W M, et al. Critical success factors for PPPs in infrastructure developments: Chinese perspective [J]. Journal of Construction Engineering & Management, 2010, 136 (5): 484 – 494.

[146] Chan A P C, Yeung J F Y, Yu C C P, et al. Empirical study of risk assessment and allocation of public – private partnership projects in China [J]. Journal of Management in Engineering, 2011, 27 (3): 136 – 148.

[147] Chou J S, Pramudawardhani D. Cross – country comparisons of key drivers, critical success factors and risk allocation for public – private partnership projects [J]. International Journal of Project Management, 2015, 33 (5): 1136 – 1150.

[148] Crolius S, Wiederer A, Mpp R P, et al. Policy options for electric vehicle charging infrastructure in C40 cities For [J]. Deployment, 2010.

[149] Cumming D. Government policy towards entrepreneurial finance: Innovation investment funds [J]. Journal of Business Venturing, 2007, 22 (2): 193 – 235.

[150] Dainty A R J, Price A D F, Ibrahim A D. The analysis and allocation of risks in public private partnerships in infrastructure projects in Nigeria [J]. Journal of Financial Management of Property & Construction, 2006, 11 (3): 149 – 164.

[151] De Bettignies J E, Ross T W. The economics of public - private partnerships [J]. Canadian Public Policy Analyse de Politiques, 2004: 135 - 154.

[152] Domingues S, Zlatkovic D. Renegotiating PPP contracts: Reinforcing the 'P' in partnership [J]. Transport Reviews, 2015, 35 (2): 204 - 225.

[153] Dong J, Liu C, Lin Z. Charging infrastructure planning for promoting battery electric vehicles: An activity - based approach using multiday travel data [J]. Transportation Research Part C, 2014, 38 (1): 44 - 55.

[154] Dumortier J, Kent M W, Payton S B. Plug - in vehicles and the future of road infrastructure funding in the United States [J]. Energy Policy, 2016, 95: 187 - 195.

[155] Ebrahimnejad S, Mousavi S M, Seyrafianpour H. Risk identification and assessment for build - operate - transfer projects: A fuzzy multi attribute decision making model [J]. Expert Systems with Applications, 2010, 37 (1): 575 - 586.

[156] Edkins A J, Smyth H J. Contractual management in PPP projects: Evaluation of legal versus relational contracting for service delivery [J]. Journal of Professional Issues in Engineering Education & Practice, 2006, 132 (1): 82 - 93.

[157] Engel E. The economics of public - private partnerships [J]. Cambridge Books, 2014.

[158] Essig M, Batran A. Public - private partnership: Development of long - term relationships in public procurement in Germany [J]. Journal of Purchasing & Supply Management, 2005, 11 (5 - 6): 221 - 231.

[159] Fassinger R E. Paradigms, praxis, problems and problems and promise: grounded theory in counseling psychology research [J]. Journal of Counseling Psychology, 2005, 52 (2): 156 - 166.

[160] Foley A M, Winning I J, Gallachóir B P Ó. State - of - the - art in electric vehicle charging infrastructure [C]. Vehicle Power and Propulsion Conference. IEEE, 2011: 1 - 6.

[161] Friedman D. On economic application of evolutionary game theory [J]. Journal of Evolutionary Economics, 1998, 8 (1): 15 - 43.

[162] Ghavamifar K. A decision support system for project delivery method selection in the transit industry [J]. Dissertations & Theses - Gradworks, 2009.

[163] Glasser B G, Strauss A L. The discovery of grounded theory: Strategies for qualitative research [M]. New York: Aldine Publishing Company, 1967.

[164] Golob T F. Structural equation modeling for travel behavior research [J]. Transportation Research Part B: Methodological, 2003, 37 (1): 1 - 25.

[165] Hadley S W. Evaluating the impact of plug - in hybrid electric vehicles on regional electricity supplies [C]. Bulk Power System Dynamics & Control - vii Revitalizing Operational Reliability, Irep Symposium. IEEE Xplore, 2007: 1 - 12.

[166] Han W, Zhang G, Xiao J, et al. Demonstrations and marketing strategies of hydrogen fuel cell vehicles in China [J]. International Journal of Hydrogen Energy, 2014, 39 (25): 13859 - 13872.

[167] Han X, Ouyang M, Lu L, et al. A comparative study of commercial lithium ion battery cycle life in electrical vehicle: Aging mechanism identification [J]. Journal of Power Sources, 2014, 251 (2): 38 -54.

[168] Hart O. Incomplete contracts and public ownership: Remarks, and an application to public - private partnerships [J]. Economic Journal, 2003, 113 (486): C69 - C76.

[169] Hua J, Lin X, Xu L, et al. Application and study of novel electronic technologies on vehicle control system of fuel cell bus [C]. Vehicle Power and Propulsion Conference, 2008. VPPC '08. IEEE. IEEE, 2008: 1 -5.

[170] Iossa E, Martimort D. The economics of public - private partnerships1 [J]. 2008.

[171] Ismail S. Perceptions of financial institutions towards financiang public private partnerships (PPP) projects in Malaysia [J]. Public Private Partnerships Malaysian Studies, 2013.

[172] Jefferies M. Critical success factors of public private sector partnerships [J]. Engineering, Construction and Architectural Management, 2006, 13 (5): 451 -462.

[173] Ke Y, Wang S Q, Chan A P, et al. Research trend of public - private partnership in construction journals [J]. Journal of Construction Engineering & Management, 2009, 135 (10): 1076 - 1086.

[174] Kline R B. Principles and practice of structural equation modeling. [J]. Journal of the American Statistical Association, 2010, 101 (12).

[175] Lam K C, Wang D, Lee P T K, et al. Modelling risk

allocation decision in construction contracts [J]. International Journal of Project Management, 2007, 25 (5): 485 -493.

[176] Li B, Akintoye A. An overview of public - private partnership [M]. Public - Private Partnerships: Managing Risks and Opportunities. 2008: 1 -30.

[177] Li Y, Li L, Yong J, et al. Layout planning of electrical vehicle charging stations based on genetic algorithm [M]. Electrical Power Systems and Computers. Springer Berlin Heidelberg, 2011.

[178] Lindqvist E. Will privatization reduce costs? [J]. Ssrn Electronic Journal, 2008.

[179] Liu J, Gao R, Cheah C Y J, et al. Incentive mechanism for inhibiting investors' opportunistic behavior in PPP projects [J]. International Journal of Project Management, 2016, 34 (7): 1102 -1111.

[180] Liu J. Electric vehicle charging infrastructure assignment and power grid impacts assessment in Beijing [J]. Energy Policy, 2012, 51 (6): 544 -557.

[181] Liu T, Wang Y, Wilkinson S. Identifying critical factors affecting the effectiveness and efficiency of tendering processes in public - private partnerships (PPPs): A comparative analysis of Australia and China [J]. International Journal of Project Management, 2016, 34 (4): 701 -716.

[182] Lu W, Liu A M M, Wang H, et al. Procurement innovation for public construction projects: A study of agent - construction system and public - private partnership in China [J]. Engineering Construction & Architectural Management, 2013, 20 (6):

543 -562 (20).

[183] Lyons T, Skitmore M. Project risk management in the queensland engineering construction industry: A survey [J]. International Journal of Project Management, 2004, 22 (1): 51 -61.

[184] Madina C, Zamora I, Zabala E. Methodology for assessing electric vehicle charging infrastructure business models [J]. Energy Policy, 2016, 89: 284 -293.

[185] Maskin E, Tirole J. Public - private partnerships and government spending limits [J]. International Journal of Industrial Organization, 2006, 26 (2): 412 -420.

[186] Meng X, Zhao Q, Shen Q. Critical success factors for transfer - operate - transfer urban water supply projects in China [J]. Journal of Management in Engineering, 2011, 27 (4): 243 -251.

[187] Morrow K, Karner D, J. F. Plug - in hybrid electric vehicle charging infrastructure review [J]. Electric Vehicles, 2008.

[188] Mouraviev N, Kakabadse N. Impact of externalities on sustainable development: Evidence from public - private partnerships in Kazakhstan and Russia [J]. Corporate Governance, 2014, 14 (5): 653 -669.

[189] Mundial B. Selecting an option for private sector participation [M]. 1997.

[190] Newsted P R., Huff S L., Munro M C. Survey instruments in information systems [J]. MIS Quarterly, 1998, 22 (4): 553 -554.

[191] Ng S T, Wong Y M W, Wong J M W. Factors influencing the success of PPP at feasibility stage: A tripartite comparison study in Hong Kong [J]. Habitat International, 2012, 36 (4):

423 -432.

[192] Nowak M A. Evolutionary dynamics: Exploring the equations of life. [J]. Best Seller, 2006, 82 (03).

[193] Oakland W H. Congestion, public goods and welfare [J]. Journal of Public Economics, 1972, 1 (3 -4): 339 -357.

[194] Okpala D C, Aniekwu A N. Causes of high costs of construction in Nigeria [J]. Journal of Construction Engineering & Management, 1988, 114 (2): 233 -244.

[195] Ouenniche J, Boukouras A, Rajabi M. An ordinal game theory approach to the analysis and selection of partners in public -private partnership projects [J]. Journal of Optimization Theory and Applications, 2016, 169 (1): 314 -343.

[196] Papajohn D, Cui Q, Bayraktar M E. Public - private partnerships in U. S. transportation: Research overview and a path forward [J]. Journal of Management in Engineering, 2011, 27 (3): 126 -135.

[197] Rahman I, Vasant P M, Singh S M, et al. Review of recent trends in optimization techniques for plug - in hybrid, and electric vehicle charging infrastructures [J]. Renewable & Sustainable Energy Reviews, 2016, 58: 1039 -1047.

[198] Roy J V, Leemput N, Geth F, et al. Electric vehicle charging in an office building microgrid with distributed energy resources [J]. IEEE Transactions on Sustainable Energy, 2014, 5 (4): 1389 -1396.

[199] Saber A Y, Venayagamoorthy G K. One million plug - in electric vehicles on the road by 2015 [C]. International IEEE Conference on Intelligent Transportation Systems. IEEE, 2009:

141 – 147.

[200] Savas E. Privatization and public – private partnerships for local services [J]. Chatham House, 2000, 87 (1): 21 – 23.

[201] Schroeder A, Traber T. The economics of fast charging infrastructure for electric vehicles [J]. Energy Policy, 2012, 43 (4): 136 – 144.

[202] Serradilla J, Wardle J, Blythe P, et al. An evidence – based approach for investment in rapid – charging infrastructure [J]. Energy Policy, 2017, 106: 514 – 524.

[203] Shen L Y, Platten A, Deng X P. Role of public private partnerships to manage risks in public sector projects in Hong Kong [J]. International Journal of Project Management, 2006, 24 (7): 587 – 594.

[204] Shleifer A, Vishny R W. A survey of corporate governance [J]. The Journal of Finance, 1997, 52 (2): 737 – 783.

[205] Singh L B, Kalidindi S N. Traffic revenue risk management through annuity model of PPP road projects in India [J]. International Journal of Project Management, 2006, 24 (7): 605 – 613.

[206] Skerlos S J, Winebrake J J. Targeting plug – in hybrid electric vehicle policies to increase social benefits [J]. Energy Policy, 2010, 38 (2): 705 – 708.

[207] Smith J M, Price G R. The logic of animal conflict [J]. Resonance, 1973, 246 (11): 5 – 5.

[208] Smith J M. Evolution and the theory of games [M]. Evolution and the theory of games. Cambridge University Press, 1982: 41.

[209] Songer A D, Diekmann J, Pecsok R S. Risk analysis

for revenue dependent infrastructure projects [J]. Construction Management & Economics, 1997, 15 (4): 377 – 382.

[210] Spackman M. Public – private partnerships: Lessons from the British approach [J]. Economic Systems, 2002, 26 (3): 283 – 301.

[211] Tang L Y, Shen Q, Cheng E W L. A review of studies on public – private partnership projects in the construction industry [J]. International Journal of Project Management, 2010, 28 (7): 683 – 694.

[212] Taylor P D, Jonker L B. Evolutionarily stable strategies and game dynamics [J]. Levines Working Paper Archive, 1978, 40 (1 – 2): 145 – 156.

[213] Thackway R, Olsson K. Public private partnerships and protected areas: Selected Australian case studies [J]. Landscape & Urban Planning, 1999, 44 (2 – 3): 87 – 97.

[214] Trangkanont S, Charoenngam C. Private partner's risk response in PPP low – cost housing projects [J]. Property Management, 2014, 32 (1): 67 – 94.

[215] Treasury G B. Public private partnerships: The Government's approach [M]. Stationery Office, 2000.

[216] United Nations Institute for Raining and Research. PPP – For sustainable development [R]. 2000

[217] Valentine K, Temple W G, Zhang K M. Intelligent electric vehicle charging: Rethinking the valley – fill [J]. Journal of Power Sources, 2011, 196 (24): 10717 – 10726.

[218] Valipour A, Yahaya N, Noor N M, et al. A fuzzy analytic network process method for risk prioritization in freeway PPP pro-

jects: An Iranian case study [J]. Journal of Civil Engineering & Management, 2015, 21 (7): 933 - 947.

[219] Verhoest K, Petersen O H, Scherrer W, et al. How do governments support the development of public private partnerships? Measuring and comparing ppp governmental support in 20 European countries [J]. Transport Reviews, 2015, 35 (2): 118 - 139.

[220] Vian T, Mcintosh N, Grabowski A, et al. Hospital public - private partnerships in low resource settings: Perceptions of how the lesotho ppp transformed management systems and performance [J]. Health Systems & Reform, 2015, 1 (2): 155 - 166.

[221] Walter M, Bottigelli D. UNITAR - United Nations Institute For Training And Research [M]. A Concise Encyclopedia of the United Nations. Brill, 2009: 739 - 741.

[222] Wang H, Huang Q, Zhang C, et al. A novel approach for the layout of electric vehicle charging station [C]. International Conference on Apperceiving Computing and Intelligence Analysis. IEEE, 2010: 64 - 70.

[223] Wanik M Z, Siam F M, Ayob A, et al. Harmonic measurement and analysis during electric vehicle charging [J]. Engineering, 2013, 05.

[224] Weibull J W. Evolutionary Game Theory [J]. Current Biology Cb, 1995, 9 (14): 503 - 5.

[225] Woodward D G. Use of sensitivity analysis in build - own - operate - transfer project evaluation [J]. International Journal of Project Management, 1995, 13 (4): 239 - 246.

[226] Xu Y, Yeung J F Y, Chan A P C, et al. Developing a risk assessment model for PPP projects in China: A fuzzy synthetic

evaluation approach [J]. Automation in Construction, 2010, 19 (7): 929 - 943.

[227] Yang T, Long R, Cui X, et al. Application of the public - private partnership model to urban sewage treatment [J]. Journal of Cleaner Production, 2016, 142: 1065 - 1074.

[228] Yang T, Long R, Cui X, et al. Application of the public - private partnership model to urban sewage treatment [J]. Journal of Cleaner Production, 2016, 142: 1065 - 1074.

[229] Ye S, Tiong R K L. Government support and risk - return trade - off in China's BOT power projects [J]. Engineering, Construction and Architectural Management, 2000, 7 (4): 412 - 422.

[230] Yunus M. A comparative study on public - private partnership (PPP) for creating highly skilled and productive business graduate in Bangladesh [J]. Asian Business Review, 2015, 3 (3): 21 - 25.

[231] Zayed T M, Chang L M. Prototype model for build - operate - transfer risk assessment [J]. Journal of Management in Engineering, 2002, 18 (1): 7 - 16.

[232] Zhang K, Xu L, Ouyang M, et al. Optimal decentralized valley - filling charging strategy for electric vehicles [J]. Energy Conversion & Management, 2014, 78 (2): 537 - 550.

[233] Zhang X. Critical success factors for public - private partnerships in infrastructure development [J]. Journal of Construction Engineering & Management, 2005, 131: 3 - 14.

[234] Zhao G, Sun H. The compare - analysis of the topology and control strategies about the intelligent charging system in vehicle [J]. BMC Bioinformatics, 2015, 16 (1): 1 - 9.